Hermann Steinkamp

Sozialpastoral

Hermann Steinkamp

Sozialpastoral

Lambertus

Die Deutsche Bibliothek — CIP-Einheitsaufnahme
Steinkamp, Hermann:
Sozialpastoral / Hermann Steinkamp. —
Freiburg im Breisgau:
Lambertus, 1991
ISBN 3-7841-0571-8

Alle Rechte vorbehalten
© 1991, Lambertus-Verlag, Freiburg im Breisgau
Umschlaggestaltung: Christa Berger, Solingen
Umschlagfoto: Uwe Stratmann, Wuppertal
Herstellung: F. X. Stückle, Ettenheim
ISBN 3-7841-0571-8

Inhalt

9		Vorwort
11	1.	Zur Einführung
12	1.1	Was bedeutet „Sozialpastoral"?
15	1.2	Zum Aufbau
18	1.3	(„Paradigmatische") Beispiele von Sozialpastoral
18	1.3.1	Das Schulprojekt der Basisgemeinde Genibau in Fortaleza/Brasilien
19		Die BG Genibau
19		Geschichte der BG im Parque Genibau
20		Geschichte der Schule der BG Genibau
21	1.3.2	„Begegnung mit Infanta"
23	1.3.3	Die Reconquista der Sem-Terra-Bewegung und die Pastoral da terra in Brasilien
27		Exkurs: Zur Geschichte und/des Begriff(s) „Sozialpastoral"
30	1.4	Vergleichende Pastoral(-theologie) oder neues Paradigma?
30	1.4.1	Zu Ansatz und Intention einer „vergleichenden Pastoral(-theologie)"
32	1.4.2	Kritische Anfragen
40		Teil I „Sehen"
40	1.	Gesellschaftliche und kirchliche Bedingungen einer Sozialpastoral in der Ersten Welt (am Beispiel BRD)
43	1.1	Zum „Individualisierungs"-Komplex
44	1.1.1	Pathogene Tendenzen im Prozeß der Individualisierung
46	1.1.2	Narzißmus als Pathologie des Individualismus (Kuzmics)
48	1.2	„Kolonialisierung der Lebenswelt" (Habermas)

54	1.3	Zwischen Disziplinierung und Hedonismus – Zur Soziogenese und Psychogenese des ‚Neuen Sozialisationstypus'
59	1.4	Sicherheit – die säkularisierte „Hoffnung auf ewiges Leben"
62	1.5	Aporien volks-kirchlicher Praxis als „Mitgliedschafts-Pastoral"
62	1.5.1	Von der „Verkirchlichung" zur „Civil Religion": Religion und Christentum am Ende des zweiten Jahrtausends
64	1.5.2	Christlich-kirchliche Praxis: Ghettobildung – Anpassung oder „produktive Antitradition"? (Peukert)
69	1.5.3	Verkirchlichung und „Mitgliedschafts-Pastoral"
70		1.5.3.1 „Aktivierung"
71		1.5.3.2 Konfliktscheu

73		Teil II „Urteilen"
73	1.	Erkenntnisleitende Interessen, Optionen und Maximen der Sozialpastoral
73	1.0	Zu Funktion und Stellenwert von Optionen in der Praktischen Theologie
75	1.1	Die „Option für die Armen" und die Option „Kirche für andere" als Grundoptionen der Sozialpastoral
77	1.2	Operationalisierungen
78	1.2.1	Betroffenheit vs. Rekrutierung/Erfassung
80	1.2.2	Selbstorganisation vs. Aktivierung
80	1.2.3	Verbindlichkeit vs. Geselligkeit
81	1.2.4	Soziale Kreativität vs. Routinehandeln („Instituierung" – „Institution")
82	1.2.5	Bekehrung vs. Erbauung („Sinndeutung")

85		Teil III „Handeln"
89	1.	Deformationen durch Arbeitslosigkeit – Praktisch-theologische Perspektiven
90	1.1	Deformationen durch Arbeitslosigkeit

Seite		
90	1.1.1	Individuelle Beschädigungen
91	1.1.2	Beeinträchtigung der sozialen Beziehungen
93	1.1.3	Deformation des Gemeinwesens
95	1.2	Maßstäbe und Anstöße
95	1.2.1	Option für die Arbeitslosen
96	1.2.2	Deformationen durch Arbeitslosigkeit und durch Arbeit
98	1.2.3	Konkretisierungen/Kriterien
104	2.	Jugendarbeit zwischen System und Lebenswelt
104	2.1	Jugendarbeit und Gesellschaftstheorie
104	2.1.1	„Jugendarbeit hat keinen Sinn mehr" – aber der Betrieb geht weiter
105	2.1.2	Jugendliche: Problemgruppe oder Propheten?
106	2.1.3	Generationskonflikt oder Klassenkonflikt?
107	2.2	Reduktionen
107	2.2.1	Jugendarbeit als „Beziehungsarbeit": die interaktionistische Reduktion
108	2.2.2	Jugendarbeit als Beitrag zur Individuation: die „biographische" Reduktion
109	2.2.3	Zwischen New Age und Okkultismus: die neo-religiöse Reduktion
109	2.3	Jugendarbeit als „Aufklärung" und „Reproduktion von Zugehörigkeit"
110	2.3.1	„Aufklärung"
110		2.3.1.1 Oberflächen- und Basisregeln
111		2.3.1.2 „Kommunikative Verflüssigung von Tradition"
111	2.3.2	„Zugehörigkeit"
112		2.3.2.1 Teilnahme an wert- und normbildenden Lernprozessen
112		2.3.2.2 Netzwerke
113	2.4	„Zwischen WeggefährtInnenschaft und Professionalität?
114	2.4.1	Erwachsene als Mit-Betroffene
114	2.4.2	Parteiliche Erwachsene

116	3.	Telefonseelsorge – modernster kirchlicher Service oder Basisgemeinde?
117	3.1	Widersprüchliche Erfahrungen im TS-Alltag
122	3.2	Zum Zusammenhang von Heilung und Heil
126	3.3	„Heilt" Telefonseelsorge, vermittelt sie Heil?
126	3.3.1	Telefonseelsorge als „Heils"-Angebot
129	3.3.2	„Die Armen: ‚gesellschaftliche Sakramente'" (Casalis)
131	3.3.3	Telefonseelsorge als „heilende Gemeinde"?
134	4.	Diakonische Gemeinde
135	4.1	Diakonie als „kollektives Helfersyndrom"?
138	4.2	„Option für die Armen": zur Vergewisserung des Maßstabs einer Diakonie der Gemeinde
140	4.3	Diakonie der Gemeinde: „Option für die Armen" – „Bekehrung in der Metropole" – „Lernziel Solidarität"
140	4.3.1	Martyria/Verkündigung als Anklage und Ankündigung
141	4.3.2	Verkündigung/Katechese als Bewußtseinsbildung
142	4.3.3	Diakonie lernen: „Alphabetisierung" in der Ersten Welt
144	4.3.4	„Kirche mit anderen" – von den „Fremden" lernen
150		Literatur
158		Der Autor

Vorwort

Der vorliegende Entwurf einer „Sozialpastoral unter hiesigen gesellschaftlichen und (volks-)kirchlichen Bedingungen" muß in mehrfacher Hinsicht als vorläufig charakterisiert werden.
Den wichtigsten Impuls zu diesem Versuch bildet zweifellos eine unter dem Begriff „pastoral social" und im Gefolge der beiden Generalversammlungen des Lateinamerikanischen Episkopats in Medellin und Puebla entwickelte Form kirchlicher Praxis, die ich mit wachsender Faszination studiere. Insofern jene Praxis von der Theologie der Befreiung inspiriert ist (und diese wiederum jene als den „Sitz im Leben" ihrer theologischen Reflexion weiß), möchte ich meinen Versuch „vor allem" als Ja und als Parteinahme für die Theologie und Praxis der Befreiung „dort" verstanden wissen. Daß meine Faszination und der aus ihr resultierende Wunsch, von jener Praxis „für uns hier" zu lernen, als solche ein Problem darstellen, ist mir bewußt und ein Grund dafür, daß ich die folgenden Überlegungen als vor-läufig verstanden wissen möchte: es kann sein, daß „der Wunsch der Vater des Gedankens ist".
Der zweite Anstoß zu diesem Versuch läßt mich freilich der Häme und dem Argument meiner Kritiker, die den Versuch des „Transfers" jener Praxis auf hiesige Verhältnisse von vornherein als zum Scheitern verurteilt wissen, etwas gelassener entgegensehen. Seit Jahren bewegen mich die Folgeprobleme, die hierzulande aus der „Abspaltung" der Diakonie (in Gestalt der institutionalisierten Caritas) von der „Gemeinde" (d.h. der landläufigen volkskirchlichen Praxis) resultieren: eine kultisch verengte, allenfalls auf vereinsförmige Aktivierung ihrer Mitglieder zielende kirchliche Praxis, die eine weitere Abspaltung bewirkt: die zwischen „Sonntagschristentum" und gesellschaftlichem Alltag. Die offenkundigen Aporien dieser Praxis zwingen dazu, unter hiesigen gesellschaftlichen Verhältnissen den Versuch zu machen, jene Abspaltungen zu überwinden, d.h. Pastoral „sozial" zu konzipieren, „Evangelisierung der Kultur" als zentrale Aufgabe kirchlicher Praxis zu begreifen, statt als Rahmenbedingungen, unter denen sie sich, ihnen mehr oder minder sich anpassend, vollzieht.

Daß eine solche Praxis in Lateinamerika (und in anderen „peripheren" Regionen der römischen Weltkirche) bereits existiert, ändert nichts an der Notwendigkeit und Schwierigkeit, sie unter hiesigen Verhältnissen von Grund auf neu zu konzipieren. Die folgenden Überlegungen verstehen sich allerdings eher als Argumente für diese Notwendigkeit als daß sie beanspruchten, bereits ein gelungener Versuch in diese Richtung zu sein.

Daß die Skizze einer „Sozialpastoral", die ja immerhin dem Anspruch unterliegt, ein neues Paradigma christlich-kirchlicher Praxis als solches, d. h. systematisch zu entwerfen, in ihren Details naturgemäß fragmentarisch ausfällt, muß eigentlich nicht betont werden. Den Charakter des Vorläufigen tragen insofern alle drei Teile des Buches, die an das alte Schema „Sehen – Urteilen – Handeln" angelehnt sind. Die hiesigen gegenwärtigen „Zeichen der Zeit" aus pastoral-soziologischer Perspektive wahrzunehmen und zu deuten, kann innerhalb dieses Versuchs nur als bis an die Grenze des Vertretbaren verkürzte Grobskizze geleistet werden. Das gilt in gleichem Maße für die Explikation der theologischen Maßstäbe, an denen sich das neue Paradigma seiner „Orthopraxie" vergewissert, und erst recht gilt es hinsichtlich der vier exemplarischen Praxisbeispiele, an denen die Konturen einer Sozialpastoral veranschaulicht werden: gerade letztere beanspruchen in keiner Weise, für die Vielfalt hiesiger Praxisformen und -probleme neue Perspektiven oder gar „Lösungen" zu entwerfen.

Eine letzte Assoziation zum Stichwort „vor-läufig": meine Überlegungen knüpfen u. a. an das Programm der sogenannten „vergleichenden Pastoral" an, das mein ehemaliger Kollege am Münsteraner Seminar für Pastoraltheologie, Adolf Exeler, vor mehr als zehn Jahren zu entwerfen begonnen hatte. Sein früher Tod 1983 – er wäre jetzt 65 Jahre alt – hinderte ihn daran, es weiter auszuarbeiten. Die Erinnerung an seinen leidenschaftlichen, gelegentlich zorn-geladenen Kampf für eine Reform der hiesigen kirchlichen Praxis, ist in mir bis heute lebendig.

Hermann Steinkamp

1. Zur Einführung

Mit dem hierzulande noch wenig geläufigen und im praktisch-theologischen Sprachgebrauch relativ jungen Begriff „Sozialpastoral" wird ein *neues Paradigma* christlich-kirchlicher Praxis und praktisch-theologischer Theoriebildung bezeichnet, das sich in Teilkirchen der Dritten Welt, insbesondere in Lateinamerika, aber auch in Afrika und Asien, bereits seit geraumer Zeit durchzusetzen beginnt. Ein neues Paradigma christlich-kirchlicher Praxis: Dieser Anspruch, der mit diesem Begriff erhoben wird, soll als solcher expliziert und argumentativ begründet werden. Vorab sei er insoweit erläutert, als sich das Paradigma der „Sozialpastoral" einerseits gegenüber dem „alten", das es ablöst, zu „überholen" beansprucht, abgrenzt, andererseits gegenüber pastoralen Konzepten, die nicht die Qualität eines alternativen Paradigmas beanspruchen (können).[1]

Das „alte" Paradigma, demgegenüber „Sozialpastoral" ein neues zu sein beansprucht, nennen wir das Paradigma der „Mitgliedschafts"-Pastoral.[2] Dies entspricht den grundlegenden Plausibilitäten hochentwickelter Gesellschaftsformen (näherhin der der funktionalen Differenzierung von Religion als gesellschaftlichem Subsystem), d.h., konkretisiert auf das Phänomen „Mitgliedschaft", den Plausibilitäten einer individualistisch geprägten Konsum- und Warengesellschaft. Ebenso aber entspricht dieses Paradigma bestimmten volkskirchlichen Grundannahmen über die Funktion von Religionen in eben solchen entwickelten und differenzierten Gesellschaften. Für eine erste rudimentäre Orientierung kann das „Mitgliedschafts"-Paradigma als für hiesige kirchliche Praxis repräsentativ bezeichnet werden, auch wenn sich bei näherer Differenzierung zeigen läßt, daß es auch in Lateinamerika noch immer praktiziert wird (vgl. Mette 1989 B, 236f.).

Das neue Paradigma der „Sozialpastoral" grenzt sich – als Paradigma – auch insofern vom „alten" ab, als es nicht nur die eine oder andere neue Akzentuierung vornimmt. Als neues Paradigma darf es insofern nicht verwechselt werden mit bestimmten Pastoral-Konzepten wie z.B. der sog. „Fernstehenden"-Pastoral, der „Pastoral der Konzentrischen Kreise", einer „missionarischen Gemeinde" o.ä., wie sie in den letzten Jahrzehnten je neue Versuche einer Reform der volkskirchlichen Praxis bezeichneten. Solche Konzept-Varianten bewegten sich allesamt innerhalb des grundlegenden Paradigmas der „Mitgliedschafts"-Pastoral insofern, als sie − oft unbewußt und unausgesprochen − auf „Mitgliedschaft" als das vor allem zu bewältigende Problem fixiert bleiben. Daß die Fixierung auf das Mitgliedschaftsproblem und seine Priorität im Paradigma dieser Pastoral keine „bornierte" − wenn auch weitgehend unreflektierte − Entscheidung darstellt, d. h. den geltenden Plausibilitäten ebenso entspricht wie sich unter den Bedingungen hochdifferenzierter Gesellschaften offenbar keine fundamentale Alternative denken läßt, soll in den folgenden Detailanalysen gezeigt werden. Insofern sind die hier vorläufig so plakativen Etikettierungen zunächst auch eher deskriptiv gemeint, auch wenn sie sehr wertend klingen mögen!

1.1 Was bedeutet „Sozialpastoral"?

Im sozio-historischen Kontext Lateinamerikas, in dem das neue Paradigma entstand, meint der Begriff zunächst und vor aller Differenzierung die radikale Bezogenheit christlichen und kirchlichen Handelns auf die konkreten gesellschaftlichen Bedingungen und Probleme, insbesondere auf die Überwindung von Not, Elend und Unterdrückung. In diesem Sinn meint Sozialpastoral die Praxis einer „Kirche für die Welt", wie sie durch die Pastoralkonstitution „Gaudium et spes" des II. Vaticanums grundgelegt und durch die Dokumente der II. und III. Generalversammlungen des lateinamerikanischen Bischofsrates (CELAM) von Medellín und Puebla auf die Situation des Subkontinents hin konkretisiert worden ist.[3]

Versteht man den Begriff im Sinne der Dokumente von Medellín (1968) und Puebla (1979), dann kann ‚Sozialpastoral' auch als ein anderes Wort für jene Aufgabe der Kirche gelten, die als umfassende „Evangelisierung der Kultur" (P 408−419) bzw. als „befreiende Evangelisierung" beschrieben werden bzw. als („pastorale") Operationalisierung dieser beiden programmatischen Chiffren. (Insofern wird die Frage, was der in „Evangelii nuntiandi" (1971) von Papst Paul VI. präzisierte Begriff der Evangelisierung an innovativen Perspektiven auch für die hiesige Pastoral beinhaltet, eine durchgängige Suchbewegung dieser Studie leiten.)[4]

Kann die – in der Linie von „Gaudium et spes" und „Evangelii nuntiandi" erfolgende – theologische Explikation des Evangelisierungs-Verständnisses eher die theologische Fundierung des Paradigmas der „Sozialpastoral" leisten, so eignet sich dieser Begriff gegenwärtig unmißverständlicher zur Kritik und Fortschreibung traditioneller Praxis insofern, als der Evangelisations-Begriff – wie noch zu zeigen ist – mehrdeutig benutzt wird (vgl. Comblin 1987, 33), was die m. E. konstitutive politische Implikation von „Sozialpastoral" betrifft (vgl. Steinkamp 1986). Das entscheidend Neue des neuen Paradigmas besteht nämlich gerade darin, daß für die „Sozialpastoral" die grundlegende Option einer konkreten Teilkirche, nämlich die „Option für die Armen", ebenso konstitutiv ist wie die daraus resultierenden „pastoralen" Optionen und Grundorientierungen. Insofern handelt es sich strenggenommen nicht um einen „pastoralen" Paradigmenwechsel, sondern um einen (empirisch-)ekklesiologischen: von einer „Mitgliedschafts"-Kirche zu einer „diakonischen" Kirche, von einer „Kirche für sich" zu einer „Kirche für andere", von einer „Vereinskirche" zu einer „Kirche für die Welt" (was immer an Facetten der hier vorerst so typisierten Gegenüberstellungen im weiteren Verlauf der Überlegungen noch herauszuarbeiten sein wird).

Zu einer vorläufigen Begriffsbestimmung von „Sozialpastoral" sind indessen noch je zwei Differenzierungen notwendig, wenn man im hiesigen bundesrepublikanischen bzw. volkskirchlichen Verständnishorizont nicht unnötige Fehlinterpretationen riskieren will. Sie betreffen jeweils die beiden Bestandteile des Begriffs „Sozial-Pastoral". In der Praxis der lateinamerikanischen Sozialpastoral lassen sich zwei Bedeutungen dessen unterscheiden, was als ihre „soziale" Qualität bezeichnet wird:

– zunächst die bereits erwähnte Ausrichtung der kirchlichen Aktivität auf die soziale und politische Realität im Sinne der „Evangelisierung der Kultur";

– daneben hat sich eine spezifische Grundfigur pastoralen Handelns entwickelt, die für das neue Paradigma typisch erscheint: die Unterstützung und Befähigung Betroffener, sich zu solidarisieren. In diesem Sinn kann die Praxis der Basisgemeinden als die paradigmatische Form der Sozialpastoral schlechthin gelten. Die wesentliche pastorale „Intervention" der „Pastoral-Agenten" (agentes pastorales), d. h. der haupt- und ehrenamtlichen Mitarbeiterinnen und Mitarbeiter dieser

13

Pastoral, zielt auf Gemeindebildung, aber nicht in erster Linie im Sinne der (hiesigen) Sozialform als vielmehr im Sinne der Praxis des gemeinsamen Kampfes um Befreiung, Gerechtigkeit u. ä. (vgl. zur Unterscheidung von Sozialform und Praxisform Steinkamp 1988 B). Sozialpastoral bedeutet in diesem Sinne Anstiftung und Befähigung zu solidarischem Handeln, und Solidarität wird in der diese Praxis reflektierenden Theologie (der Befreiung) als ein anderes Wort für die christliche Gemeinde gedeutet (vgl. Comblin 1987, 31 – 39).

Natürlich hängen beide Bedeutungs-Varianten von *Sozial*-Pastoral eng miteinander zusammen, denn, so eine lateinamerikanische Definition, „jede authentisch befreiende Evangelisierung zielt darauf, die gegebenen Beziehungen zwischen den Menschen umzugestalten und eine wirklich partizipative und geschwisterliche Gesellschaft zu schaffen. In diesem Sinn muß die gesamte Pastoral sozial sein" (zit. bei Mette 1989 B, 234). Christlich-kirchliche Praxis (zumal ihr Zentrum: die Basisgemeinde) als Antizipation, Laboratorium und Ferment einer (zukünftigen) geschwisterlichen Gesellschaft, einer „Zivilisation der Liebe" (vgl. CELAM 1984).

Die zweite Differenzierung, die für eine vorläufige Klärung des Begriffs „Sozialpastoral" notwendig ist, betrifft das Verständnis von „Pastoral".

In der hiesigen praktisch-theologischen Diskussion besteht ein breiter Konsens darüber, daß das Verständnis von Pastoral (als der Lehre von den Aufgaben, Pflichten und Rollen des Pastors) eigentlich einer längst vergangenen Epoche der sog. „Pastoraltheologie" angehört, die in ihrer Entstehungszeit und bis in die Anfänge dieses Jahrhunderts eben dies, ihrem Selbstverständnis und ihrer Funktionszuschreibung im Konzert der Universitätstheologie, war: Lehre von den Funktionen und Rollen des „Subjekts" pastoralen Handelns, des Pastors, des Klerikers, demgegenüber die Laien als Objekte dieses Handelns vorgestellt wurden. Gegen ein solches Verständnis von „Pastoral"(-theologie) hat sich in Europa längst der korrektere Begriff der „Praktischen Theologie" etabliert, ohne daß der Begriff der „Pastoral" damit aus dem kirchlichen Sprachgebrauch verdrängt worden wäre. Im Blick auf die empirische Praxis der (lateinamerikanischen) Sozialpastoral ist nun nicht allein der Hinweis wichtig, daß eine ihrer zentralen Maximen auf die Beteiligung der Laien, des Volkes, an der jeweiligen pastoralen Aktion, Initiative usw. zielt, sondern ebenso, daß bei der jeweiligen Rollenbeschreibung konkreter „Agenten" (d. h. Rollenträger) pastoralen Handelns der Differenz von Kleriker und Laie eine ebenso nachrangige Bedeutung zugemessen wird wie dem Unterschied von haupt-, neben- und ehrenamtlichen Mitarbeitern. Gleichwohl wurde die herkömmliche Bezeichnung „Pastoral" einfach als synonym für kirchliches Handeln, Praxis von Christen und Rollen der in diesem Zusammenhang identifizierbaren Subjekte solcher Praxis beibehalten.

Nach dieser vorläufigen Klärung des Begriffs „Sozialpastoral" und damit der vorläufigen Identifizierung des Gegenstands dieser Studie soll im folgenden ihr Aufbau skizziert werden.

1.2 Zum Aufbau

Zunächst sollen drei Beispiele einer „Sozialpastoral" vorgestellt und ansatzhaft analysiert werden mit dem Ziel, eine bestehende kirchliche Praxis zu identifizieren, wie sie im Sinne einer sog. „vergleichenden Pastoral" (A. Exeler) bereits da und dort existiert. Zugleich können diese Beispiele zu einer ersten Veranschaulichung jener Praxis dienen, auf die sich unsere späteren theoretischen Erörterungen immer wieder beziehen werden. Daß mit „vergleichender Pastoral" ein erster Versuch unternommen wurde, in der abendländischen „Metropole" der römischen Weltkirche von der Praxis der Peripherie zu lernen, soll nicht nur aus historischem Interesse, sondern in der weitergehenden (kritischen) Absicht erörtert werden, das Programm einer „vergleichenden Pastoral" mit dem hier unternommenen Versuch zu konfrontieren, „Sozialpastoral" als ein neues Paradigma kirchlich-christlicher Praxis zu behaupten.

Aus der kritischen Gegenüberstellung der beiden Programmatiken soll dabei nicht nur eine Präzisierung des hier unternommenen Versuchs resultieren: Sie soll darüber hinaus die Frage zuspitzen, was denn eigentlich „Orthopraxie" (= „richtige" christlich-kirchliche Praxis) genannt werden kann und welche Kriterien zur Bestimmung einer „richtigen" christlichen Praxis dienen können.

Der erste Hauptteil widmet sich der Analyse der hiesigen gesellschaftlichen und kirchlichen Bedingungen, unter denen hier − „in der Metropole" – „Evangelisierung der Kultur" i.S. von „Gaudium et spes", Medellín und Puebla geschieht bzw. als Aufgabe der Kirche bestimmt wird. Daß die Zielsetzung „Evangelisierung" nicht abstrakt definiert, sondern je neu in bezug auf konkrete gesellschaftlich-geschichtliche Bedingungen hin konkretisiert werden muß, wird bei den – freilich eher skizzenhaften und paradigmatischen – Analysen der hiesigen gesellschaftlichen Bedingungen immer zugleich mitzubedenken sein.

Unsere Analyse der hiesigen gesellschaftlichen Situation wird sich vor allem mit den entsprechenden Versuchen von J. Habermas, C. Castoriadis, N. Elias und U. Beck auseinandersetzen. Bereits die Auswahl dieser Autoren ist von einem benennbaren Interesse geleitet: dieses besteht einerseits in einer tendenziellen Blickrichtung auf die Krisensymptome und „Pathologien der Moderne" und nicht – wie es ein m.E. fragwürdiges Objektivitätsideal nahelegen könnte – darin, eine möglichst umfassende und wertneutrale Situationsbestimmung zu versuchen. Daß der (Pastoral-)Theologe sich dabei nicht von einer unkontrollierten depressiv-pessimistischen Grundstimmung leiten läßt, sondern dieses Erkenntnisinteresse soteriologisch bzw. befreiungstheologisch begründen muß, dürfte dabei ebenso selbstverständlich sein wie der (zumindest versuchte) Nachweis, daß eine solche Focussierung auf Krisenphänomene nicht dem unbewußten Machtimpuls entstammt, die Notwendigkeit von Religion dadurch zu begründen, daß man vorher den Zeitgenossen ihre prekäre, „erlösungsbedürftige" Situation aufschwätzt.

Zur Analyse der gegenwärtigen Situation in Europa bzw. der Bundesrepublik gehört auch der Versuch, die Situation von Kirche zu begreifen (vgl. Kaufmann 1979). Dieser soll weiter unten unternommen werden, freilich ebenso skizzenhaft und fragmentarisch, wie das im Rahmen eines Projekts möglich ist, das ein neues Paradigma kirchlicher Praxis vorzustellen versucht, ohne es im Detail entwerfen zu können. Wichtig erscheint mir einleitend der Hinweis, daß die Analyse der kirchlichen Situation hierzulande nicht am Anfang, sondern im Kontext einer umfassenderen gesellschaftlichen Situationsvergewisserung erfolgt. Die auf die spezifischen Aporien und Pathologien einer „Mitgliedschaftspastoral" zugespitzte Analyse soll dabei gleichzeitig dem Nachweis dienen, daß dieses Praxis-Konzept weder einem naiven Denkfehler der Pastoralplaner entspringt (sondern in tiefsitzenden Plausibilitäten des modernen Bewußtseins wurzelt) noch einer gänzlich unbewußten Strategie (der Machterhaltung): Die Fixierung auf das Mitgliedschafts-Syndrom (vgl. Steinkamp 1988 E) entspringt vielmehr gleichermaßen bewußten wie unbewußten Motiven, deren wichtigste „die Plausibilität der großen Zahl", die damit zusammenhängende des bewußten „politischen Machtfaktors" sowie die Orientierung an der „Dienstleistungs"-Plausibilität (Dienstleistung für Mitgliedschaftsbeitrag) sein dürften.

Die Identifikation dieser „Götzen" führt dann auch in dieser theologischen Denkoperation fast zwangsläufig zur Frage nach Gott, und zwar nicht als theologische, d. h. „theoretische", sondern als Frage, wie sie von einer christlichen Praxis des Kampfes gegen bestimmte Götzen gleichsam zwangsläufig aufgeworfen wird, zumal in Kontexten kämpfend-befreiender Praxis, im Grenzfall des Martyriums: „Sterben muß, wer an Götzen rührt" (Sobrino 1990). Die Frage nach dem gültigen Maßstab christlich kirchlicher Praxis (dem der zweite Hauptteil gewidmet sein wird) mit der Gottesfrage in Zusammenhang gebracht, führt zur Auseinandersetzung mit der „Option für die Armen", den bevorzugten Adressaten der Botschaft des Gottes Jesu.

Im Zentrum des zweiten Teils („Urteilen" im Sinne des methodischen Dreischritts; vgl. Mette 1989A) steht die praktisch-theologische Auseinandersetzung und Rezeption der (befreiungstheologischen) Option für die Armen als − wie zu zeigen ist − konsequenteste Realisierung nicht nur der Intention des II. Vaticanums, sondern der in der Praxis Jesu „eingelösten" Verkündigung seiner Reich-Gottes-Botschaft an die Armen.

Anschließend wird der Versuch einer „Operationalisierung" der „Option für die Armen" für die hiesige Praxis unternommen, und zwar als Explikation der fünf Gegensatzpaare:
Betroffenheit vs. Rekrutierung/Erfassung
Selbstorganisation vs. Aktivierung
Verbindlichkeit vs. Geselligkeit
Soziale Kreativität vs. Routinehandeln
Bekehrung vs. Kontingenzbewältigung/Erbauung.

Im dritten Teil werden dann paradigmatische Perspektiven und Konkretisierungen einer Sozialpastoral für unseren hiesigen Kontext aufzuzeigen versucht.

1.3 („Paradigmatische") Beispiele von Sozialpastoral

Im folgenden sollen anhand von drei Beispielen einige charakteristische Merkmale einer christlich-kirchlichen Praxis vorgestellt werden, die wir als „Sozialpastoral" bezeichnen. Solche Beispiele nennt man deshalb „paradigmatisch", weil sie einerseits den für das (neue) Paradigma wesentlichen Strukturelementen entsprechen, andererseits nicht den Anspruch auf „Vollständigkeit" (aller möglichen Anwendungsfälle) erheben.

Diese Vorgehensweise entspricht insofern jener elementaren Denkfigur eines Theorie-Paradigmas, als sie „eine Theorie als geordnetes Paar" repräsentiert, dessen Erstglied einen theoretischen Strukturkern und dessen Zweitglied eine Menge von intendierten Anwendungsfällen darstellt. Dabei wird die Menge der intendierten Anwendungsfälle weder extensional (etwa durch eine Liste) noch intensional (etwa durch Angabe einer definierenden Eigenschaft) angegeben, sondern *paradigmatisch* durch Angabe einer Reihe von „Beispielfällen" (vgl. Dahms/Majer 1978, 411 f.).

Theoretischer Strukturkern und paradigmatische Beispiele bedingen und ergänzen einander wechselseitig. Insofern läßt sich unser Vorgehen, zunächst einzelne Beispiele einer Sozialpastoral vorzustellen, durchaus rechtfertigen, auch wenn deren „Strukturkern" noch nicht expliziert worden ist.

Die folgenden Beispiele erheben in dem Sinne einen *paradigmatischen* Anspruch, als sie jeweils wichtige Elemente des (noch zu entfaltenden) Strukturkerns beinhalten.

1.3.1 Das Schulprojekt der Basisgemeinde Genibau in Fortaleza/Brasilien[5]

Das Projekt „Hilfe für die Gemeinschaftsschule Veneza" entstand im Rahmen eines Diskussionsprozesses innerhalb der Basisgemeinde (BG) Genibau. Zunächst ging es darum, kurzfristige Hilfe zur Fertigstellung einiger Gebäude der BG zu organisieren. Da in Fortaleza alle möglichen Finanzquellen erschöpft waren, wollte man aufgrund der Kontakte zur Bundesrepublik Deutschland versuchen, dort finanzielle Mittel aufzutun. Um aber nicht nur eine einmalige Spendenaktion zu initiieren, kam man auf die Idee, in der BRD eine Gruppe interessierter und engagierter Menschen zu suchen, die auch mittelfristig die Aktivitäten der BG begleiten könnten. Diese kleine Solidaritätsgruppe (FreundInnenkreis Genibau) versuchte nun ihrerseits durch verschiedene Aktivitäten die (kirchliche) Öffentlichkeit über die Situation der ChristInnen in Brasilien zu informieren und so entwicklungspolitische Impulse in die jeweilige Gemeinde hineinzutragen. Durch gegenseitige Besuche und Briefe besteht der Kontakt weiterhin.

Die BG Genibau
Mit dem Namen Genibau wird eine schon recht lange bestehende Favela (Elendsviertel) bezeichnet, die sich am Stadtrand Fortalezas befindet. Die Favela entstand in unmittelbarer Nähe einer Bahnlinie. Dort wohnen ca. 5000 Menschen. In dieser Favela bildete sich eine BG, die als eine ihrer Aktivitäten Alphabetisierungskurse für Kinder, Jugendliche und Erwachsene selbständig organisiert. Die BG hat die Entstehung und die erste Zeit der Gemeinde dokumentiert.

Geschichte der BG im Parque Genibau
„Es begann am 7. Mai 1979, als die Seminaristen (Priesteramtskandidaten; H. St.) Leiano, Carlos, Monte Alverne und Lopez gemeinsam mit der Schwester Luzia einige Besuche in Genibau machten und damit begannen, die novenas (Rosenkranzgebete; H. St.) des Monats Mai als Vorbereitung auf den Eucharistischen Kongreß durchzuführen. Während dieser Treffen zum Gebet entdeckte das Volk, in welcher Ungerechtigkeit es lebt, und es spürte die Notwendigkeit, sich auch weiterhin zu Gebet und Gespräch zu versammeln. Die Menschen beschlossen, sich einmal wöchentlich zu treffen, und zwar in den eigenen Häusern. Es stellte sich aber schnell als notwendig heraus, einen eigenen Raum für diese Treffen zu haben, und die Menschen begannen, an der Straße Gonesa eine Strohhütte zu bauen. Als aber eine Frau auftauchte, die behauptete, das Land gehöre ihr, suchte die Gemeinschaft eine andere Stelle auf, um dort einen größeren Raum aus Ziegelsteinen zu bauen.
Aber wie macht man das mit einer Gemeinschaft, die sehr wenig Mittel hat? Alle beschlossen, für eine Versteigerung zu sammeln, um mit dem Erlös das Baumaterial zu kaufen. Und so wurde es gemacht. Am 30. Mai wurde das erste Mal der Rosenkranz gebetet. Nach dem Gebet wurde die Versteigerung mit einem Gewinn von fünf Cruzeiros

durchgeführt. Mit diesem Geld begannen die Männer, Frauen und Kinder sich beim Bau nützlich zu machen und halfen von 18.00 Uhr abends bis 1.00 Uhr morgens, denn während des Tages mußten sie arbeiten, damit die Familien sich ernähren konnten. Als die Mauern schon recht hoch waren, erschien die PROAFA, ein Organ der Landesregierung, und drohte, den Bau abzureißen. Aber das Volk gab nicht nach. Es bildete Abordnungen, die zur PROAFA gingen, wo sie beleidigt und nochmals mit dem Abriß bedroht wurden. Aber das Volk widerstand der Verfolgung auch weiterhin. Es lud Dalton Rosado als Anwalt des „Centro de Defessa dos Direitos Humanos" (Zentrum zur Verteidigung der Menschenrechte; H. St.) ein, das Volk in seinem Kampf zu begleiten. Mit vielen Schwierigkeiten gelang es der Gemeinschaft, einen Raum von 7.60 m Länge und 8.90 m Breite zu errichten. Hier finden nun alle Aktivitäten der BG statt: hauptsächlich die Unterrichtsstunden für die Kinder, deren Eltern kein Geld für die Erziehung bezahlen können; mittwochs finden hier die wöchentlichen Versammlungen der Gemeinde statt; samstags trifft sich die Gemeinde zum Wortgottesdienst; dann wird das Wort Gottes mit der Realität konfrontiert, und hier werden die Feiern der Sakramente (Eucharistie, Taufe, Hochzeiten und Firmung) veranstaltet. Die Gemeinde wächst, die Aufgaben nehmen zu, und der Kampf hält an. Jeden Tag entdecken die Menschen, daß sie benachteiligt werden und daß es notwendig ist, sich zu organisieren..." (ebd.).
Diese Selbstdarstellung der Gemeinde erzählt jene Gründungsphase, wobei Elemente des Selbstverständnisses der Gemeinde erkennbar werden. In einer anderen Darstellung wird die Entstehung der Alphabetisierungskurse erzählt.

Geschichte der Schule der BG Genibau
„Die Schule entstand im Mai 1979, als die BG sich zu organisieren begann. Eine junge Frau, die die vielen Kinder auf der Straße sah, lud einige Kinder ein und begann in ihrem eigenen Haus Unterricht zu erteilen. Da aber die Zahl der Kinder so groß ist und der Platz in einem Haus zu gering, beschloß die BG, einen Raum zu bauen, in dem die Kinder sich besser aufhalten konnten. Der Raum wurde gebaut, und bald darauf begann der Unterricht für zwei Alphabetisierungskurse. Die ‚agentes educadores' sind Menschen, die mit den Zielen der BG solidarisch verbunden sind und freiwillig und unentgeltlich arbeiten.

Die Gruppen wachsen, denn die Suche nach Schulbildung ist von seiten der Eltern sehr groß, und der kleine Raum reicht nicht mehr aus. So begann die BG den Raum zu erweitern; diesmal wurde sie auf die Idee gebracht, den Caritasverband aufzusuchen, und sie erhielt dessen Unterstützung. Die Gemeinde hört nicht auf, für ihre Ziele zu kämpfen. Der Raum indessen ist das Zentrum aller Aktivitäten. Die Gemeinschaft erreichte eine größere Beteiligung der Leute und reihte sich ein in die Kämpfe des Volkes und der Forderungen der movimento popular (Volksbewegung; H. St.)..." (ebd.).
Es folgt noch die Schilderung einer dritten Bauphase, die im Juli 1986 begann und Mitte 1987 abgeschlossen wurde. Sie umfaßte den Bau von drei weiteren Unterrichtsräumen. Seitdem werden in diesen Räumlichkeiten der BG von verschiedenen freiwilligen LehrerInnen Alphabetisierungskurse gehalten. Der FreundInnenkreis Genibau versucht, durch monatliche Unterstützung diese Kurse zu ermöglichen.

1.3.2 „Begegnung mit Infanta" (P. M. Zulehner 1985)

In seinem Bericht erzählt Paul M. Zulehner von seinen Erfahrungen, die er in der Prälatur Infanta auf der philippinischen Insel Luzon gemacht hat. Diese Prälatur ist durch ihre eindeutige Option für die Armen gekennzeichnet. Wie sich diese Option im Alltag der Prälatur auswirkt, beschreibt Zulehner wie folgt:
Bereits auf einer diözesanweiten Pastoralkonferenz 1983 wurde ein „Statement" erarbeitet, in dem die wirtschaftliche und soziale Situation der Menschen des Landes analysiert wird: „Unsere sozialen Analysen machen klar, daß etwa 87 % der Leute in der Prälatur arm und unterdrückt sind. Unterbeschäftigung ist weit verbreitet. Furcht und Verhaftungen herrschen vor aufgrund der Militarisierung und der sie begleitenden Unterdrückung" (58).
Die Lebenssituation der Bäuerinnen und Bauern und Fischer macht in der Tat deutlich, welche Auswirkungen ausländische Agrarkonzerne bzw. Fischfangflotten auf den Überlebenskampf des philippinischen Volkes haben. Aber nicht nur ausländische Konzerne, sondern auch die Regierung, die diese Konzerne ins Land holt und deren Interessen durch Repression abzusichern weiß, arbeitet mit ihren Prestigeobjekten wie Stauanlagen etc. gegen die Interessen der Bevölkerung. „Angesichts dieser Situation", so heißt es in einem weiteren

Statement der Pastoralkonferenz, „fühlen wir uns (...) gedrängt, eine Kirche der Armen zu werden: eine Kirche, die eine besondere Aufmerksamkeit und Liebe zu den armen Volksmassen hat, für die Opfer der Ungerechtigkeit und für jene, deren Würde und Rechte mit den Füßen getreten werden" (zit. nach ebd. 8).

Der Bischof von Infanta, Julio Labayen, erzählt von der Art und Weise, wie das Volk in Infanta Theologie treibt. Als Menschen, die am Meer leben, wissen sie Spuren im Sand zu deuten. Auf dem Hintergrund dieser Erfahrungen wissen die Menschen, „daß der Herr, weil er am Leben ist und mit uns geht, seine Spuren im Sand der Geschichte unseres Volkes hinterläßt" (zit. nach ebd. 59).

Ein anderes Beispiel für die Glaubensweise der Bewohnerinnen und Bewohner von Infanta ist die Abwandlung überlieferter Kreuzwegprozessionen: Nicht mehr die Selbstgeißelung wird praktiziert, sondern die Übersetzung der Passionsgeschichte auf die Realität der Fischer und Bäuerinnen und Bauern von Infanta.

Ein wesentliches Kennzeichen des pastoralen Ansatzes in Infanta ist die „Volksförderung"[6]. Die Idee, die hinter diesem Begriff steht, geht davon aus, daß Lösungsversuche von „oben" scheitern müssen, weil sie nur zur Apathie des Volkes führen. Statt dessen müsse die Apathie überwunden werden, und dies, so Bischof Julio Labayen, könne nur über die Partizipation des Volkes erreicht werden (vgl. ebd. 61). Konkret heißt das beispielsweise die Förderung von Volksorganisationen, in denen Bäuerinnen und Bauern und Fischer ihre Lebenssituation analysieren können. Das Volk soll seine Sprache wiedererlangen. Aber auch im Bereich der Subsistenzsicherung werden neue Modelle entwickelt, z. B. durch die Errichtung von Reisbanken für Saatgut und Kooperationen für den Verkauf der Ernte. Durch diese Einrichtungen werden die Bäuerinnen und Bauern unabhängig vom profitgierigen Zwischenhandel.

Die Priester, der Bischof und die zahlreichen Ordensschwestern wissen, daß ohne eine Veränderung des Amtsstiles keine wirkliche Veränderung bewirkt werden kann: „Wie soll denn auch das Volk zum Reden kommen", so Bischof Labayen, „wenn wir immer schon zuvor reden? ... Sie trauen sich dann nicht mehr, selbst ihre Erfahrungen mit der Bibel zu machen. Und bleiben apathisch. Wem also wirklich an der Förderung des Volkes liegt, muß einen neuen Amtsstil pflegen" (zit. nach ebd. 63).

Auch die Theologie, wie sie in Infanta betrieben wird, unterscheidet sich von unserer „akademischen" Theologie: „Es ist nicht eine Theologie, die nach ihren gesellschaftlichen Auswirkungen fragt. Vielmehr ist der Ausgangspunkt der Reflexion der gesellschaftliche Alltag, und von da aus wird die theologische Tradition befragt" (ebd. 74). Diese Art und Weise des Theologie-treibens impliziert, Gott als den Gott der Armen zu erkennen. Diese Erkenntnis aber entspringt nicht dem Studium wissenschaftlicher Bücher an europäischen theologischen Hochschulen. Die Theologie in Infanta hat ihren Ursprung in den Basisgemeinden, in Bibelgesprächen, Gottesdiensten etc.

Aber der wohl wichtigste Aspekt der Kirche von Infanta, einer Kirche an der Seite der Armen, ist, daß sie eine verfolgte Kirche geworden ist, eine Kirche, die Märtyrer kennt: ChristInnen, die sich für Verfolgte einsetzen, werden selbst zu Verfolgten. Sie werden ins Gefängnis gesteckt und gefoltert. Andere „verschwinden". Priester, Bischöfe und Ordensschwestern an der Seite der Armen werden als ‚subversiv' gebranntmarkt. Die Volksbewegungen und Basisgemeinden werden von den Machthabern verfolgt, denn ihre Arbeit wird als gefährlich angesehen. Befreiungstheologische Ansätze werden als „kommunistisch" denunziert, und wenn Rom seine Kritik an der Befreiungstheologie in die gleiche Richtung formuliert, spielt dies genau jenen Machthabern in die Hände, die eine solidarische Kirche an der Seite der Armen zu zerstören suchen.

1.3.3 Die Reconquista der Sem-terra-Bewegung und die Pastoral da terra in Brasilien (vgl. Steinkamp 1988A)

Eine der wichtigsten „movimentos populares" (Volksbewegungen) Brasiliens ist die Sem-terra-Bewegung (der land-losen bzw. rechtlos ein Stück Land bebauenden Kleinbäuerinnen und -bauern und LandarbeiterInnen). Die (bisher nicht durchgeführte) Landreform stellt neben der Auslandsverschuldung, dem Analphabetentum u. a. eines der größten nationalen Probleme dar, zumal sich die Situation aufgrund der Regierungspolitik verschärft: Diese unterstützt das Konzept einer vom ausländischen Kapital abhängigen, mechanisierten Agrarindustrie, die nur den Großgrundbesitzern und dem Latifundium in die Hände spielt. Die Durchsetzung der Landreform bleibt damit den Bauern und Bäuerinnen und Landarbeitern und Landarbeiterinnen überlassen, insbesondere durch die Aktivitäten der Sem-terra-Bewegung, in der sie sich organisiert haben.

Wichtige Daten und Fakten zur sozialen Situation in Brasilien
45,8 % der landwirtschaftlichen Nutzfläche Brasiliens befinden sich derzeit in den Händen von 1,2 % der Großgrundbesitzer. Demgegenüber bewirtschaften 50,4 % Kleinbauern und -bäuerinnen lediglich 2,4 % des landwirtschaftlich nutzbaren Landes. Zwölf Millionen landlose Landarbeiterinnen und -arbeiter und Kleinbäuerinnen und -bauern besitzen zu wenig Land, um ihre Familien ernähren zu können. Die Wanderarbeiter und -arbeiterinnen (ca. 24 Millionen) drängen in die Städte, wo sich aufgrund der Landflucht die ohnehin prekäre Wohnsituation noch verschärft (vgl. ebd. 219 f.).

Sem-terra und Pastoral da terra (Landpastoral)
Die Sem-terra-Bewegung ist in den vergangenen Jahren sehr rasch angewachsen. Genauere Mitgliederzahlen gibt es nicht, doch wird die Bewegung auf vier bis zehn Millionen Aktive geschätzt. Während die LandarbeiterInnengewerkschaft als VorläuferIn bzw. Motor der Sem-terra-Bewegung angesehen wird, ist die katholische Kirche – nach anfänglichen ideologischen Auseinandersetzungen um die LandarbeiterInnen gegen marxistische Gewerkschaften – zu einer wichtigen Unterstützerin der Sem-terra-Bewegung geworden. Das Verhältnis der Pastoral da terra zur Sem-terra-Bewegung ist durch Solidarität und Unterstützung gekennzeichnet, und dies bei gleichzeitiger Achtung der Autonomie dieser Bewegung. Zur Verdeutlichung der Befreiungspraxis der Landpastoral sollen drei exemplarische Initiativen dargestellt werden:

Acampamentos
Die demonstrative Besetzung von Land bzw. öffentlichen Plätzen hat zwei Ziele: Bewußtseinsbildung der Öffentlichkeit und gewaltfreie Landnahme als „Landreform von unten".
Mit der Besetzung öffentlicher Plätze sollen PolitikerInnen an ihre Pflicht erinnert werden, die prinzipiell geltenden Landreform-Gesetze anzuwenden. Die tatsächliche Besetzung von brachliegendem Land des Latifundiums dient demgegenüber weniger der Bewußtseinsbildung als dem schlichten Überleben. Daß sowohl die Beset-

zung öffentlicher Plätze noch die des Latifundiums üblicherweise friedlich verläuft, sondern häufig durch repressives Vorgehen seitens der Militärpolizei gekennzeichnet ist, braucht nicht eigens erwähnt zu werden. Immerhin stärken aber die immer häufiger erfolgreichen acampamentos das Selbstbewußtsein der Sem-terra-Bewegung.
Wenn die Besetzungen nicht direkt von Mitarbeiterinnen und Mitarbeitern der Landpastoral angestiftet wurden, so unterstützt die Pastoral da terra solche Aktionen moralisch (z. B. durch Besuch von Priestern etc.) und materiell. Wichtig ist auch die theologische „Legitimation" der Landnahme.

Legalisierung des Grundbesitzes von Kleinbauern und -bäuerinnen
Die Ansiedlung multinationaler Konzerne hat die Transaktion von Großgrundbesitz verschärft, und dies häufig auf Kosten der Bäuerinnen und Bauern und Landarbeiterinnen und -arbeiter, die von ihrem Land vertrieben werden. Die Sem-terra-Bewegung reagiert auf solche Enteignungsformen mit der Organisation kollektiven Widerstandes der Betroffenen. Die Landpastoral unterstützt ihrerseits diese Aktionen moralisch (beispielsweise durch öffentliche Anklagen der beteiligten Großgrundbesitzer) als auch juristisch. „Die Reflexion auf die biblischen Vorbilder der Landarbeiter, die politisch-liturgische ‚Feier' eines erfolgreichen Kampfes ebenso wie das Gedächtnis der vielen Märtyrer stellen die Landpastoral in den umgreifenden Kontext einer diakonischen Kirche, die als ganze auf der Seite der Armen kämpft" (ebd. 222f.).

Alternative Landwirtschaft
Gegen den Trend der Landwirtschaftspolitik der Regierung und gegen die damit verbundenen Einflüsse der Industriestaaten auf die Agrarkultur Brasiliens unterstützt die Landpastoral Bestrebungen zu einer alternativen Landwirtschaft. Damit sind sowohl alle Formen der Nahrungsmittelproduktion gemeint als auch die Entwicklung und Pflege von Produktionsmitteln, die an die alten Traditionen anknüpfen und alte Erfahrungen wieder nutzbar zu machen suchen. Bewußtseinsbildung und Aufklärung über die „ideologischen Waffen" der Landwirtschaftsindustrie, die Auswirkungen der Ausbeutung des Bodens und die einseitig den Interessen der Reichen dienenden Großprojekte der brasilianischen Landwirtschaft werden entlarvt.

Abschließend sollen noch einmal die vier Merkmale, die allen Initiativen der Pastoral da terra gemeinsam sind, benannt werden:
– Die Kirche engagiert sich im Klassenkampf auf der Seite der Armen und Unterdrückten.
– Die Unterstützung der Volksbewegungen (z. B. der Sem-terra-Bewegung) vermeidet sorgfältig jede paternalistisch-assistentialistische Entmündigung der Betroffenen.
– Die Situationsanalyse ist von der marxistischen Gesellschaftskritik inspiriert.
– Ebenso eindeutig werden die Handlungsorientierungen aus der biblischen Tradition gewonnen.

In den drei vorangegangenen Beispielen lassen sich fünf gemeinsame Elemente einer „Sozialpastoral" ausmachen und differenzieren, die zusammenfassend noch einmal aufgezeigt werden sollen:
1. Ausgehend von einer konkreten (Not-)Situation (z. B. Arbeitslosigkeit, Wohnungsnot, materielle Lebenssicherung) werden deren gesellschaftliche, ggf. weltweite Bedingungs-Zusammenhänge analysiert.
2. Christen, Gemeinden, Gruppen reflektieren die so definierte Situation „im Licht des Evangeliums" und vergewissern sich ihrer eigenen gesellschaftlichen Situation, Mit-Betroffenheit sowie der „Option für die Armen".
3. Die Parteinahme für Unterdrückte und Entrechtete äußert sich als Anklage (der ungerechten Verhältnisse) und (darin) Ankündigung der Gottesherrschaft.
4. Ein wichtiger Schritt von der herrschenden Praxis (Notsituation) zu einer neuen besteht in der Identifikation der betroffenen Subjekte, die zugleich als die eigentlichen Subjekte befreienden Handelns anzusehen sind. Die kirchlichen Mitarbeiter und Mitarbeiterinnen leisten gegebenenfalls (aber auch „allenfalls") Hilfe zur Selbstorganisation der Betroffenen. Sie kooperieren mit bereits vorhandenen Bewegungen und Initiativen not-wendender bzw. befreiender Praxis.
5. Christen und Gemeinden erinnern und vergewissern sich in solchen Zusammenhängen ihrer Befreiungstradition, deren Symbole und Motive (z. B. „Landnahme"). Diese Motive und Symbole werden – wo immer möglich – re-präsentiert, d.h. vergegenwärtigt (z. B. Kreuzweg, romaria da terra, Bibellektüre, Liturgie).

EXKURS
ZUR GESCHICHTE UND/DES BEGRIFF(S) „SOZIALPASTORAL"

Der Sache nach und was ihre Bezeichnung als „Sozialpastoral" betrifft, ist der in diesem Buch verhandelte Gegenstand nicht in jeder Hinsicht neu (vgl. Geck I u. II 1969). Nach Geck (vgl. I, 70) taucht der Begriff in Deutschland erstmals um 1927 auf, und zwar explizit in bezug auf die Arbeiterseelsorge, in zweiter Hinsicht dann in bezug auf die speziellen Probleme der Großstadtseelsorge. Beider Geschichte reicht bis in das 19. Jahrhundert bzw. bis zur Jahrhundertwende zurück (vgl. z. B. Swoboda 1909). Der Sache nach sind die mit der „sozialen Frage" entstehenden bzw. identischen Probleme der Armut und der entwurzelten Arbeiterschaft jene neue Realität, auf die sich die Kirchen in Europa mit den entsprechenden pastoralen Strategien der organisierten Caritas (Innere Mission, Caritasverband) bzw. der Arbeiterseelsorge einzustellen versuchten.

Diese Initiativen – so verdienstvoll sie auch eingeschätzt werden mögen – einfachhin als Vorgeschichte oder Beginn der „Sozialpastoral" (als dem neuen Paradigma kirchlicher Praxis) zu bezeichnen, verbietet sich m. E. vor allem aus dem Grund, als sie dem „falschen Bewußtsein" einer – von mittelalterlicher Thron-und-Altar- bzw. Staatskirchen-Tradition geprägten – „herrschaftlichen" Kirche entstammten, die die „Arbeiterschaft verloren" zu haben meinte bzw. sich den Armen gegenüber wie eh und je in der Rolle der „mildtätigen" Helferin sah. Entlarvend für diese Mentalität sind Aussagen von der Art, die neue Pastoral entstamme einer „auf die Wiedergewinnung oder Eroberung gerichtete(n) missionarische(n) Idee" (Geck II, 11).

Eine differenziertere Darstellung dieser Geschichte müßte freilich die deutlichen Unterschiede z. B. zwischen der deutschen und französischen Kirche ebenso berücksichtigen (vgl. ebd. I, 118–147) wie die mehrdeutigen Motive und Praxisformen in der Zeit der Entstehung von Innerer Mission und Deutschem Caritasverband. Die Rekonstruktion dieses Aspekts der Geschichte der Pastoraltheologie steht noch aus und kann natürlich im Rahmen dieser Skizze nicht geleistet werden. Zwei wichtige Tatbestände aus der Vorgeschichte (des Begriffs) der „Sozialpastoral" gilt es indessen festzuhalten:

1. Die Tendenzen zu dem, was wir in dieser Skizze eines Paradigmenwechsels die „Mitgliedschaftskirche" (in Gegenüberstellung zur

„diakonischen Kirche") bzw. die „Mitgliedschaftspastoral" nennen, reichen bis weit in die Anfänge der Neuzeit zurück und zeigen sich markant in der Bewußtseinsform der „verlorenen Arbeiterschaft". (Die Frage, wer denn wen in den ideologischen Wirren des 19. Jahrhunderts im Stich gelassen bzw. wer im Kampf der frühen Arbeiterbewegung „auf der richtigen Seite" gestanden hat, ist ja keineswegs so einfach zu beantworten, wie es die genannte Bewußtseinsform vorgibt.)

2. Die Problematik der für die abendländische Kirchengeschichte kennzeichnenden „Zweitstruktur"-Diakonie (vgl. Steinkamp 1985 A, 43 ff.), die im 19. Jahrhundert in den erwähnten Zusammenhängen als solche in den Blick gerät, spielt für das Entstehen des neuen Paradigmas der „Sozialpastoral" insofern eine zentrale Rolle, als dieses u. a. einen Ausweg aus den Aporien jener „Zweitstruktur" sucht bzw. darstellt (vgl. Steinkamp 1991 A). Insofern kann man die pastoralen Suchbewegungen im 19. und beginnenden 20. Jahrhundert, sofern sie eine Reaktion der Kirche auf die Armuts- und Arbeiterfrage intendierten, durchaus als Vorläufer der Sozialpastoral ansehen, auch wenn ihnen eines der konstitutiven Elemente des neuen Paradigmas fehlt: die entschiedene „Option für die Armen", der bewußte gesellschaftliche Standortwechsel der Kirche. Davon wird später noch ausführlich zu sprechen sein.

Eine andere wichtige Facette der Vorgeschichte des Begriffs bzw. der Sache der Sozialpastoral muß jedoch noch eigens erörtert werden: die in der französischen Kirche und Pastoraltheologie entwickelte „pastorale d'ensemble". Idee und Begriff dürften auf den seit den frühen 50er Jahren dieses Jahrhunderts in der französischen Seelsorgebewegung führenden Kanonikus Fernand Boulard zurückgehen (vgl. Geck II, 9). Dieser war als Landpfarrer und Seelsorger der Landvolkbewegung sensibilisiert für die Aporien der traditionellen Pastoral, zumal im Blick auf das Stadt-Land-Gefälle, sowie die zunehmende Differenzierung der pastoralen Aufgaben, von der Grundidee der in Frankreich entstehenden „sociologie religieuse" beeinflußt, nach der religiöses Erleben und Verhalten hochgradig vom sozialen Milieu beeinflußt wird.

Daraus leitete er die Maxime einer Differenzierung der Seelsorge nach den jeweiligen Milieuverhältnissen ab und betonte besonders die Idee einer auf konkrete Gruppen und Gemeinschaften (Berufs-, Nachbarschafts-, Milieugruppen) gerichteten Pastoral, und zwar als bewußten Gegenakzent zu einem individualistischen Seelsorgeverständnis. Der Begriff der „pastorale d'ensemble" wurde der kirchlichen und theologischen Öffentlichkeit erstmals auf dem Nationalkongreß der „Union des Oeuvres Catholiques de France" 1956 in Versailles bekannt und transportiert seither eine zweifache Bedeutung, die für das spätere Konzept der „Sozialpastoral" eine wichtige Bedeutung erlangt hat. Einerseits bezeichnet „pastorale d'ensemble" die Maxime einer „Seelsorge der vereinten Kräfte" (vgl. ebd. 10): als Versuch, der zunehmenden Differenzierung und Zersplitterung der kirchlichen Seelsorgebemühungen entgegenzuwirken. Andererseits beinhaltet der Begriff aber auch jene Leitvorstellung Boulards von einer gruppen- bzw. milieubezogenen Pastoral sowie der (wenn auch noch vagen und theoretisch kaum reflektierten) Maxime, daß konkrete Gruppen und Gemeinschaften *Subjekte* kirchlicher Praxis seien.

Das Konzept der „pastorale d'ensemble" gewann später eine große Bedeutung innerhalb der insbesondere in Lateinamerika entwickelten Befreiungspastoral bzw. Sozialpastoral. Dabei ist der Einfluß der französischen (Pastoral-)Theologie vor allem im Nordosten Brasiliens auf Schritt und Tritt nachweisbar, nicht zuletzt in den Organisationsformen und Handlungsmodellen der „action catholique".

In den gegenwärtig diskutierten und praktizierten Pastoralkonzepten der brasilianischen Kirche spielt der Begriff der „pastoral de conjunto" (die spanische bzw. portugiesische Übersetzung von pastorale d'ensemble) eine zentrale Rolle, ebenso wie er zunehmend in der iberischen Fachliteratur auftaucht (vgl. z. B. Samanes/Carretero 1968). Einer der Gründe, in unserem Zusammenhang den Begriff „Sozialpastoral" den möglichen Alternativen „Befreiungspastoral" (vgl. Sayer 1985) oder „Diakonische Pastoral" vorzuziehen, liegt in den hier skizzierten historischen Zusammenhängen, auch wenn die Diskontinuität des neuen Paradigmas zu seinen Vorläufern größer sein mag als die Gemeinsamkeiten. Während die beiden genannten Begriffs-Äquivalente durchaus als solche gelten können, so gilt dies ausdrücklich nicht für eine hierzulande derzeit beliebte „communio"-Pastoral, die m. E. lediglich eine subtile und besonders elaborierte Form der „Mitgliedschafts"-Pastoral darstellt, d. h. deutlich stärker an binnenkirchlicher Verlebendigung als am Kampf um die Gerechtigkeit des Reiches Gottes interessiert erscheint.

1.4 Vergleichende Pastoral (-theologie) oder neues Paradigma?

Wie entsteht ein neues Paradigma christlicher Praxis und Pastoraltheologie? Wie läßt sich diese allgemeine Frage womöglich aufgrund der konkreteren beantworten: Wie entstand bzw. entsteht das neue Paradigma einer „Sozialpastoral"? Ein erster Zugang zu diesen Fragen könnte in der Beobachtung von drei auffälligen Tatbeständen liegen:

– Das Konzept (noch nicht: Paradigma) der Sozialpastoral entsteht bzw. entstand zuerst in Ländern der sog. „Dritten Welt".

– Es löst in der Ersten Welt bei vielen Christen und Theologen spontane Zustimmung aus sowie den Impuls, es als Modell auf die hiesige Situation zu übertragen und damit einer (hier als krisenhaft erlebten) bestehenden Praxis „aus der Patsche zu helfen" (Krisenbewußtsein).

– Versuche, die Gültigkeit des „anderen", „neuen" Modells auch für die hiesige Praxis zu behaupten, lösen bald Widerstände und ideologische Kontroversen aus, wie sie in den letzten Jahren sich vor allem am Beispiel der „Basisgemeinden" entzündeten: Den Befürwortern des „neuen" Modells wird entgegengehalten, die hiesigen gesellschaftlichen Bedingungen seien den „dortigen" nicht vergleichbar und folglich das „andere" Pastoralmodell für hiesige Verhältnisse unbrauchbar (vgl. z. B. Steinkamp 1988 B).[7]

Der offenkundige Zusammenhang von Krisenbewußtsein (in bezug auf die hiesige Praxis der Kirchen und der Theologie)[8] und (eher spontanem) Hoffnungsimpuls (aus einer Praxis „da und dort") könnte als erste Hypothese die folgende Suchbewegung nach Argumenten und Hinweisen leiten, der Hypothese nämlich, daß „Sozialpastoral" ein neues Paradigma christlich-kirchlicher Praxis und praktischer Theologie darstellt, das das „alte" (der Betreuungs- und Mitgliedschafts-Pastoral) ablöst.

1.4.1 Zu Ansatz und Intention einer „vergleichenden Pastoral (-theologie)"

Eine ähnliche, der hier begonnenen vergleichbare, ihr vorausgegangene Suchbewegung führte seit Mitte der 70er Jahre zur Formulierung eines Programms (und des zugehörigen Begriffs) der bereits erwähnten „vergleichenden Pastoral(-theologie)". Der damalige Münsteraner Pastoraltheologe Adolf Exeler kann als Vater dieses Konzepts gelten, dessen Idee er erstmalig 1976 im Vorwort zum Buch seines Schülers Fritz Lobinger, des heutigen Missionsbischofs von Aliwal/North (Südafrika), andeutete: „Bis heute aber fehlt noch immer das, was ich – als Gegenstück zur ‚Vergleichenden Erziehungswissenschaft' – eine ‚Vergleichende Praktische Theologie' nenne: jenes Forschungsfeld, das die Erfahrungen der verschiedenen Kirchen – verschiedener Konfessionen und verschiedener Länder – miteinander vergleicht und dadurch für die Praxis der einzelnen Kirchen fruchtbar macht" (Lobinger 1976, 15). Exeler hat diese Idee dann selbst in zwei weiteren Publikationen ausgearbeitet (vgl. 1978 u. 1981) und als „Testballon" zum Programm einer „vergleichenden Theologie" apostrophiert (vgl. ebd. 1981, 92–121), bevor er sie im Januar 1980 beim Kongreß der deutschsprachigen Pastoraltheologen in Wien erstmals einer Fachöffentlichkeit vorstellte.

Nachdem die Idee in den folgenden Jahren zunächst wenig Resonanz fand, wurde sie 1984 von Zulehner in seiner Wiener Antrittsvorlesung „Begegnung mit Infanta. Aufforderung zu vergleichender Pastoraltheologie" aufgegriffen und am Beispiel einer Prälatur auf den Philippinen ansatzhaft materialisiert. Das Stichwort von der „Vergleichenden Pastoral" bzw. „Vergleichender Pastoraltheologie" wurde – soweit ersichtlich – bislang von keiner anderen theologischen Disziplin aufgegriffen, mit Ausnahme der Missionswissenschaft, und hier neuerlich von Hermann Janssen (vom Missionswissenschaftlichen Institut Missio, Aachen) in einem Artikel „Vergleichende Pastoral – ein neuer Weg der Begegnung in der Weltkirche" (1987).

Den Aussagen der drei Autoren sind – trotz ihres unterschiedlichen Genus und Adressatenkreises – einige wichtige Schwerpunkte gemeinsam:

1. Wir Christen in Europa können und müssen „von den jungen Kirchen lernen" (ebd. 448). Bei aller nachträglichen Differenzierung dieser Maxime, bei aller Problematik des „Transfers" (Steinkamp 1988B, 355) macht sie die wichtigste Einsicht des Programms der „vergleichenden Pastoral" aus.

2. Damit zusammen hängt eine kritische Einschätzung und Krisen-Diagnose der hiesigen Theologie, speziell der Universitätstheologie: Sie wird als abgehoben, praxisfern und über-differenziert bewertet,

eine L'art-pour-l'art-Theologie, im Vergleich zu der die kontextuellen Theologien der Dritten Welt als vital und praxisrelevant bewertet werden.
3. Letzteres betrifft zumal ihre Verwurzelung im Leben der (Basis-) Gemeinden. Diese „werden denn auch – als ‚Orte' der Einheit von Spiritualität und Engagement" (Exeler 1981, 107) – zum Kristallisationspunkt der Programmatik „Lernen von den Jungen Kirchen".
4. Schließlich finden sich vor allem bei Exeler und Janssen deutliche Warnungen vor einer Idealisierung der Praxis der jungen Kirchen und einer damit einhergehenden „masochistischen" Kritik der hiesigen kirchlichen Zustände (Exeler 1981, 102; Janssen 1987, 450f.).

1.4.2 Kritische Anfragen

Auch wenn dieses junge Programm nicht den Anspruch auf eine ausgearbeitete Methodologie erhebt und ihn explizit auf dem Niveau „erster Gehversuche" deklariert, so fällt doch eine insgesamt unkritische Attitüde in bezug auf das Programm als solches und des Terminus „Vergleichende Pastoral" ins Auge. Was den letzteren Kritikpunkt betrifft, so schafft ihn auch Exelers Versuch der Differenzierung in einem Vergleich auf den Ebenen der Pastoral und der Pastoraltheologie (1981, 92) nicht aus der Welt. Auf beide Programme zielt die kritische Rückfrage: Genügt es und verzerrt es nicht von vornherein den Blickwinkel, nur die „Pastoral", d.h. die Praxisformen und „Pastoralstrategien", in der mikro- und allenfalls meso-sozialen Dimension zu vergleichen, abgelöst von der gesellschaftlichen Situation der jeweiligen Teilkirche?
Damit hängt eine andere Rückfrage eng zusammen: Was genau soll verglichen werden: pastorale Praxis, Pastoral i.S. von pastoralen Konzepten, oder geht es um den Vergleich unterschiedlicher „kontextueller Theologien"? (Dann stünde z.B. nicht der Gegensatz von „pastoraler Theologie" und akademischer Theologie zur Debatte, wie Zulehner (1985, 64) meint, sondern z.B. der von lateinamerikanischer und asiatischer Befreiungstheologie (vgl. dazu Dornberg 1988). Ob von solch einer Aufgabe, nämlich kontextuelle Theologien – und eben nicht nur die zugehörige „Pastoral" – zu vergleichen, die Pastoraltheologie nicht überfordert ist, muß – zumal angesichts einer Tendenz zur naiven Selbstüberschätzung – gefragt werden, wie sie

in der Bestimmung des Programms der „Vergleichenden Pastoral" durch Bertsch und Schlösser zum Ausdruck kommt. Die zwei Autoren reduzieren es nämlich auf das sog. Transfer- (oder, wie sie es nennen: Transmissions-)Problem: „Ein einfaches Kopieren der neuen Ansätze kommt nicht in Frage. Der Impuls ist sichtbar, wie aber ist er aufzugreifen und umzusetzen? Dies ist die vorrangige Aufgabe der Pastoraltheologie" (Bertsch/Schlösser, 7).

Daß das Programm der „Vergleichenden Pastoral" — gegen seine eigenen Optionen — vorerst ein „europäisches" und „akademisches" ist, kann schon anhand der einfachen Beobachtung veranschaulicht werden, daß kontextuelle und Befreiungstheologien die Ausdifferenzierung einer eigenen „Pastoraltheologie" nicht kennen. Das widerstreitet nämlich ihrer wissenschaftstheoretischen Grundoption vom Primat der Praxis (vgl. C. Boff 1986).[9] Insofern deuten sich bereits in den terminologischen Widersprüchen des Programms der „vergleichenden Pastoral(-theologie)" weitergehende Aporien an, die ins Zentrum der wissenschaftstheoretischen Problematik der These vom „neuen Paradigma Sozialpastoral" führen.

Zunächst müssen jedoch zwei noch fundamentalere Anfragen an das Programm gerichtet werden, die auf seine eigentliche Intention zielen: 1. Was ist denn das Ziel des Vergleichs und 2. welches ist der Bezugsrahmen des Vergleichs? Beide Fragen hängen insofern kausal zusammen, als die zweite nur sinnvoll ist, wenn die erste in einem bestimmten Sinn beantwortet werden kann: daß es nämlich beim „Vergleichen" um mehr geht als um die Addition von Verschiedenheit, um mehr als Austausch und Dialog, sondern um die „Wahrheit" der Orthopraxie, um die Frage nach der „richtigen" Praxis. Genau das aber ist im Konzept der „Vergleichenden Pastoral" nicht nur strittig, sondern in der Tendenz der (wenigen diesbezüglichen) Aussagen eher *nicht* intendiert.

A. Exeler, der einzige der drei Autoren, der die Frage nach dem Ziel und Sinn des Vergleichens überhaupt stellt — und damit überhaupt die hier versuchte Problematisierung des Programms ansatzhaft selbst in den Blick nimmt —, bestimmt das Ziel als „kreativen Dialog", zu dem freilich auch die „heilsame Infragestellung" des jeweils anderen Dialogpartners gehöre (Exeler 1980, 103). Diese offenkundige Kompromißformel zeigt auf der einen Seite Verständnis für solche Bedenken gegen das Programm, der Vergleich könne dazu dienen,

„dem anderen seine Denk- und Handlungsweise aufzudrängen" (ebd.). „Kontextuelle Theologien", so laute ein ähnlicher Einwand, seien eo ipso auf bestimmte Kulturräume begrenzt und ihre entsprechenden Konzepte der Evangelisierung regional begrenzt gültig. Solchen Einwänden konzediert Exeler, daß „beim Gespräch zwischen den Theologien nicht die Frage nach der Übertragbarkeit im Vordergrund stehen" dürfe (ebd.). Andererseits gehen Exelers Vorstellungen vom Ziel des vergleichenden Dialogs weiter: „Zu einem fruchtbaren Gespräch gehört die heilsame Infragestellung. Erst so können sich wirksame Anregungen zu eigenständigem, schöpferischen Denken und Verhalten ergeben" (ebd.).

Ähnlich hatte er in seinem Artikel „Vergleichende Theologie statt Missionswissenschaft" (1978) geurteilt: „Es geht bei der vergleichenden Theologie nicht nur darum, sich gegenseitig seine ‚Schätze' und Vorzüge zu zeigen. Der Vergleich kann auch helfen, daß jeder *seine* Art der Verelendung erkennt, seine Defizite, Verengungen und Verdrängungen" (ebd. 207). Diese letzte Formel kommt der hier im folgenden vertretenen Position am nächsten, auch wenn sie letztlich dem Dialog-Modell verhaftet bleibt: Es geht nach Exeler um „Dialog", nicht um „Wertung" (vgl. 1981, 103). Theologisch wird dieses Dialog-Modell von der Charismen-Lehre her begründet: Jeder hat sie „nicht zum eigenen Ruhm erhalten, sondern zum Dienst am Bruder ... (vgl. 1 Kor 12, 4 – 11)" (ebd. 104).

So sehr letzterem zuzustimmen ist: Nicht-wertender Dialog schließt die Frage nach der „Wahrheit", der Orthopraxie, nicht aus! Und das Problem der Übertragbarkeit von Praxisformen und Pastoralkonzepten einzelner Teilkirchen ist ein *anderes* als das der Orthopraxie! Die Frage nach der Übertragbarkeit kann gar nicht – so werde ich im folgenden zeigen – anders gelöst werden als über eine Verständigung und den Streit um das rechte „Paradigma" kirchlich-christlicher Praxis, d.h. eben auch *nicht* durch „Transfer" – und ähnliche Denkmodelle. Damit aber stellt sich – die Auseinandersetzung mit dem Programm der „Vergleichenden Pastoral" abschließend – das Problem des adaequaten Bezugsrahmens für einen solchen Vergleich.

Worum geht es, wenn von der „Sozialpastoral" als einem „neuen" Paradigma die Rede ist, die per se impliziert, daß dieses „neue" gegenüber einem „alten" Vorzüge beansprucht, d.h. ein wissenschaftlicher bzw. „orthopraktischer" Fortschritt behauptet wird?

Der Bezugsrahmen, der Maßstab des Vergleichs „pastoraler Paradigmen", kann nur ein adaequat verstandener, theologisch wie sozialwissenschaftlich gleichermaßen begründeter *Praxisbegriff* sein. Insofern ist die Frage nach der Orthopraxie, der rechten christlichen Praxis, nicht nur der Gegenstand der Praktischen Theologie überhaupt, sondern insbesondere dann, wenn ein Paradigmenwechsel der Disziplin zur Debatte steht.

Für den Moment und für den Zweck, die kommenden Überlegungen praktisch-theologisch zu verorten, soll der Begriff der „richtigen christlichen Praxis" (Orthopraxie) thesenartig bestimmt werden, und zwar sowohl theologisch als auch sozialwissenschaftlich (i. S. der „konstitutiven Beziehung zwischen den Wissenschaften des Sozialen und der Theologie des Politischen" sensu C. Boff [3]1986, 74).

Christliche Praxis verstehen wir − so die im folgenden zu explizierende These − als solidarisches Handeln heutiger Menschen in der Nachfolge Jesu und seiner Reich-Gottes-Praxis. (Die Bestimmung *kirchlicher* Praxis wäre dabei lediglich eine Variante und Konkretion des (allgemeinen) Verständnisses christlicher Praxis, als sie das Wesen der Kirche von ihrer Symbol- und Werkzeugfunktion für das Reich Gottes (Gaudium et spes) her versteht.)

Für unsere spezielle Fragestellung wird nun eine nähere Interpretation des Begriffs „solidarisches Handeln" notwendig, weil sich darum die relevanten Kontroversen kristallisieren. Die Frage lautet also, inwiefern die Qualifizierung von Praxis als „solidarische" ein unabdingbares Merkmal „guten", „richtigen" christlichen Handelns, von Orthopraxie, darstellt, und was daran spezifisch „heutig" ist.

In der Tradition der jüdisch-christlichen Religion kann eine theologische Bestimmung der Situation des heutigen Menschen nicht hinter den Stand der Freiheitsgeschichte eben dieser Tradition zurück, d. h. sie muß deren Bewußtseinsstand je in die heutige Bestimmung gesellschaftlich-geschichtlicher Praxis einbeziehen, in der christliche Praxis − und sei es im kritischen Gegenüber zu ihr − sich jeweils als ihrer „Umwelt" bereits vorfindet.

Den Stand des entsprechenden gesellschaftlichen und sozialwissenschaftlichen Bewußtseins bringt z. B. J. P. Arnason auf die Formel: „Schon die abstrakteste Definition der Praxis fügt also der Idee der Autonomie ein soziales Moment hinzu. Andererseits muß der Sinn der Autonomie für das Individuum im Lichte der psychoanalytischen

Relativierung des Bewußtseins neu bestimmt werden" (Arnason 1988, 284; vgl. auch Böhme/Böhme 1983).
Die hier vorgenommene Bestimmung (an Castoriadis 1984 angelehnt; zur Systematik seines Denkansatzes vgl. ferner ders. 1983) grenzt das Praxis-Verständnis einerseits von jenen subjekt-philosophischen Auffassungen ab, die die Regeln wechselseitiger Anerkennung der autonomen Individuen „im Rückgang auf ein isoliertes Subjekt" (vgl. Arnason 1988, 284) zu gewinnen suchen. Andererseits wird gegenüber einer ebenso dominanten Kant-Rezeption die Kritik ergänzt durch eine originelle Rückfrage an Freuds Maxime: Wo Es war, soll Ich werden. Im Anschluß an Lacans These, das Unbewußte sei der Diskurs des Anderen, kommt Castoriadis nämlich zu der komplementären Formel: „Wo Ich war, soll Es auftauchen" (zit. bei ebd. 284). Die individuelle Psyche bleibt in ihrem unbewußten Wurzelgrund immer auch von gesellschaftlich vorgegebenen Bedeutungskomplexen abhängig (vgl. ebd.), gleichzeitig stellt für Castoriadis dieses – von C. G. Jung so genannte – kollektive Unbewußte, das Archetypische, das Potential sozialer Kreativität dar, das die eigentliche Pointe seines Praxis-Verständnisses ausmacht. Weil die Einheit von Gesellschaft und Geschichte nach Castoriadis als permanente Schöpfung, als kreative Überführung von Institutionalisierungen zu neuen Institutionen (vgl. ebd. 285) gedacht werden muß, kritisiert er schließlich an der Marx'schen Bestimmung von Praxis deren Engführung auf den ökonomischen Sektor gesellschaftlicher Wirklichkeit.
Der Formel Castoriadis bzw. Arnasons vom konstitutiv notwendigen sozialen Moment von Praxis läßt sich Habermas' Bestimmung des kommunikativen Handelns sowie der idealen Kommunikations-Situation der herrschaftsfreien Aushandlung normativer Geltungsansprüche (als zugleich rationaler Aufhellung wie Rekonstruktion von Lebenswelt) ebenso zuordnen wie die Metz'sche Formel vom „solidarischen Subjektsein vor Gott", freilich ebenfalls mit der jeweiligen Möglichkeit der Identifizierung der entsprechenden „Schattenanteile", bei Metz z. B. deutlich der Ausblendung unbewußter und irrationaler Aspekte seines Subjektbegriffs (vgl. Metz [4]1984, 64f. und passim).
Wenn wir uns in den folgenden (kritisch-rekonstruktiven und entwerfend-konstruktiven) Auseinandersetzungen an dem Praxisbegriff vor allem Castoriadis' orientieren, so gehen wir zwar zunächst von

seiner Praxisdefinition aus, die uns in ihren Anklängen an transzendental-pragmatische Bestimmungen (Apel, Habermas, Peukert) vertraut klingt: „Praxis nennen wir dasjenige Handeln, worin der oder die anderen als autonome Wesen angesehen und als wesentlicher Faktor bei der Entfaltung ihrer eigenen Autonomie betrachtet werden" (Castoriadis 1984, 128). Gleichzeitig gilt es dabei im Auge zu behalten, daß die eigenwillige Bestimmung des Autonomie-Begriffs bei Castoriadis jene drei genannten Abgrenzungen zur Transzendentalpragmatik und anderen „Letztbegründungstheorien" (Arnason, 282) enthält, die wir vorerst nur negativ bestimmen wollen:
– (gegen Kant) die psychoanalytische Relativierung des Bewußtseins des autonomen Individuums,
– (gegen Marx) die „ökonomistisch-funktionalistische Auffassung der Institution bzw. des Gesellschaftlich-Geschichtlichen" (ebd. 287),
– (gegen Freud) die Betonung des „Primats der Imagination im Unbewußten" (ebd. 284).
Im Blick auf „kirchliche" Praxis in der jüdisch-christlichen Tradition eröffnen diese Bestimmungen drei Horizonte einer „Orthopraxie", die hier zunächst auch nur angedeutet werden können:
– die Einbeziehung pathogener, „betäubender" („Kolonialisierung der Lebenswelt"/„Warenästhetik") bzw. neurotisierender Einflüsse auf das Individuum beim Deuten der „Zeichen der Zeit" und beim Entwerfen einer innovativen christlichen Praxis;
– „Gemeinden" und neue soziale Bewegungen als „Orte" sozialer Kreativität, an denen einerseits der Primat der Vergesellschaftung im modernen Arbeitsprozeß ernstgenommen, andererseits die ökonomistisch-funktionalistische Blickverengung aufgebrochen wird (vgl. die Theologie der Arbeit und der Gemeinde (!) bei de Almeida Cunha 1988 A u. B);
– christliche Praxis als „Ort" kollektiver Träume, Entwürfe und (instituierenden, sensu Castoriadis) Antizipationen „je gerechterer Verhältnisse" (im Sinne der spezifischen Gerechtigkeit des Reiches Gottes), in denen z.B. Behinderte und Verrückte einen normalen Platz haben (vgl. Bach 1988 A).
Theologisch korrespondiert der Einsicht in die wesenhafte Sozialität menschlicher Autonomie und Praxis die Sichtweise christlicher Gemeinde bei J. Comblin: „Der ‚neue Mensch' ist nicht das Individuum und auch nicht die Menschheit als ganze im Sinne eines großen Getriebes, in dem die Individuen lediglich die Zahnräder waren ...

Für Paulus und für das gesamte Urchristentum ist der neue Mensch fühlbar und sichtbar eine konkrete soziale Wirklichkeit: die christlichen Gemeinden. ‚Den neuen Menschen anziehen' heißt in die christliche Gemeinde eintreten und ihre Lebensform anerkennen" (Comblin 1987, 20). Oder anders: „Glied der neuen Menschheit zu werden heißt eintreten in eine konkrete Gemeinde, heißt gemeinsam eine neue Gemeinde bilden und anfangen, in Gemeinschaft zu handeln" (ebd. 37).

Wie kaum eine theologische Aussage gibt diese (und ähnliche) die zentrale Erfahrung der Basisgemeinden wie auch die wichtigste „pastorale Intervention" der agentes pastorales der Befreiungspastoral wieder: In Gemeinschaft zu handeln wird als Garantie von Kraft, Hoffnung und Überlebenschance erlebt – gleichzeitig wissen die pastoral Verantwortlichen um diese geheimnisvolle Kraft der ‚Gemeinde' und vollziehen als zentralen Akt der ‚befreienden Pastoral' die Anstiftung und Befähigung zur Selbstorganisation von Betroffenen, zur Solidarisierung und somit ‚Gemeinde'.

Freilich – um zwei naheliegende Mißverständnisse zu vermeiden, die die abendländische Geschichte der christlichen Gemeinde beinahe zwangsläufig provoziert – muß in bezug auf Comblins Anthropologie (!) gleich an zwei wichtige Aspekte erinnert werden:

a. Gegen eine bürgerliche Färbung des agape-Verständnisses („‚agape' ist die Seele der Gemeinde", ebd. 21) als „Liebe", als subjektive, individuelle Disposition betont Comblin die „Beziehungen und Verbindlichkeiten, Bande und Verpflichtungen" (ebd.) zwischen den Gemeindemitgliedern: „Daher ist die beste Übersetzung für ‚agape': Solidarität" (ebd.).

b. Was mindestens eine so revolutionäre Kritik der traditionellen, europäischen, „bürgerlichen" Gemeinde bedeutet: „Die Gemeinde entsteht nicht nur und auch nicht typischer in den kirchlichen Gemeinden, sondern in allen neuen Strukturen und Formen sozialer Zusammenarbeit, die durch die Befreiungsbemühungen in der Welt geschaffen werden" (ebd. 39). Verschärft: „In der Welt des 20. Jahrhunderts ist die Evangelisierung zu einer Herausforderung wie in den ersten Jahrhunderten geworden, selbst wenn die Mehrheit der Christen diese neue Situation noch nicht wahrgenommen hat. Denn der überwiegende Teil lebt noch in pfarrgemeindlichen Schutzräumen, und diese sind eher die Reste der alten Christenheit als die Anfänge eines neuen, inmitten der Welt von heute gewonnenen Volkes" (ebd. 35).

Die „Konvergenz der Optionen" (Steinkamp 1983 B, 170) der Arnason-'schen Bestimmung des konstitutiven sozialen Moments von Praxis und Comblins Bestimmung der christlichen Gemeinde als Praxis der Solidarität ist deutlich. Sie wird im weiteren Verlauf zu explizieren sein. Vorerst sei noch angemerkt, daß „Solidarität" natürlich eine inhaltliche und normative „Fortschreibung" des „sozialen Moments" darstellt – andererseits ist nicht zu übersehen, daß „Solidarität" – als eine Art christliches „Proprium" von kollektiver Praxis selbst – ein „Produkt" der Geschichte des Christentums im Abendland, näherhin seiner späten Einsicht, darstellt, daß die Arbeiterbewegung – ‚Sitz im Leben' des neuzeitlichen Solidaritäts-Verständnisses – wohl eher als Kampfplatz um die Gerechtigkeit des Reiches Gottes anzusehen ist als die bürgerliche Kirche des Abendlandes, die seit dem 19. Jahrhundert den „Verlust der Arbeiterschaft" beklagt.

TEIL I „SEHEN"

1. Gesellschaftliche und kirchliche Bedingungen einer Sozialpastoral in der Ersten Welt (am Beispiel BRD)

Eine Sozialpastoral i. S. eine „Pastoral der Befreiung" für den Kontext der Ersten Welt zu entwerfen, erfordert zunächst eine Vergewisserung der hiesigen gesellschaftlichen Situation, ihrer Widersprüche und Pathologien. Der damit notwendig einhergehende Versuch, in diesem Kontext „Kirche (zu) begreifen" (Kaufmann 1979), bleibt sich dabei der unabdingbaren Verflochtenheit von Religion/Kirche und Gesellschaft in dem Sinne bewußt, als er die jüdisch-christliche Tradition als eine Geschichtsreligion versteht, die Gottes Handeln immer als ein konkret geschichtlich-gesellschaftliches Handeln begreift, das sich in gesellschaftlicher Praxis bzw. als deren Kritik und Transformation durch die Praxis von Christen ereignet: Insofern muß jeder praktisch-theologische Versuch, nach der „richtigen christlich/kirchlichen Praxis" hier und jetzt zu fragen, mit einer Analyse der „Zeichen der Zeit" beginnen. Eine solche Analyse kann die Theologie aber wiederum nur in Zusammenarbeit mit den entsprechenden Human- und Sozialwissenschaften leisten (vgl. Mette/Steinkamp 1983, bes. Kap. 5).
Die wohl gravierendsten methodologischen Probleme dieses Versuchs bestehen darin, das Verhältnis von materieller und nicht-materieller Armut auf der einen sowie die wechselseitige Bedingtheit von Armut und Reichtum lokal wie im Weltmaßstab auf der anderen Seite zu bestimmen, sowie daraus Perspektiven für eine Sozialpastoral zu gewinnen.
Bezüglich des letzteren Verhältnisses erhält die doppelte Formel von der Zwei-Drittel-Gesellschaft zunehmend an Plausibilität und Zustimmungsfähigkeit: In den Ländern der „Ersten Welt" bezieht sich die Formel auf das eine Drittel, das (u. a. infolge von Arbeitslosigkeit) von der Teilnahme am Wohlstandswachstum ausgeschlossen ist; auf Weltebene besagt sie, daß Zweidrittel der derzeitigen Weltbevölkerung in materieller Armut lebt, während das eine Drittel auf deren Kosten immer wohlhabender wird.

Aus beiden „Zwei-Drittel-Verhältnissen" — sowie der zwischen ihnen nochmals bestehenden Interdependenzen — resultiert nun ein konkretes Problem im Blick auf unser Vorhaben, die hiesigen Bedingungen einer Sozialpastoral zu erkunden: Diese bestehen einerseits ohne Zweifel in den hier herrschenden Formen und Dimensionen materieller Not. Andererseits könnte der Ansatz einer Sozialpastoral bei eben dieser materiellen Not in genau jene Transfer-Fallstricke geraten, die wir früher erörtert haben: nämlich die Zusammenhänge der weltweiten „strukturellen Sünde" eben dadurch aus dem Blick zu verlieren, daß wir nur die hiesige Armut zum Denkansatz einer hiesigen Befreiungspastoral wählen.

Deren grundlegender Ansatz muß vielmehr in der Frage gesucht werden, wovon wir in Europa befreit werden müssen (vgl. van der Ven 1989, 231) bzw. in der (von Miguez Bonino so auf jene formulierte) Rückfrage: „Wovon werden sie unterdrückt?" (vgl. ebd.). Daß die Mechanismen hiesiger Unterdrückung sich nicht auf den Nenner materieller Armut bringen lassen, darf freilich andererseits nicht dazu führen, diese Not ihrerseits aus dem Blick zu verlieren. Das wäre um so zynischer, als die „Neue Armut" in Europa im Erleben der Betroffenen als etwas gilt, „wessen wir uns schämen müssen", wie der Armutsbericht (1989) des Paritätischen Wohlfahrtsverbandes für die Bundesrepublik Deutschland tituliert ist und der Titel der jüngsten wissenschaftlichen Veröffentlichung zur Armutsproblematik in Deutschland andeutet: „Armut im Wohlstand" (Döring 1990) stellt eine Realität sui generis dar, die gegen Formen der Armut in der „Dritten Welt" aufzurechnen — etwa mit dem Hinweis auf ihre Relativität angesichts hiesiger Sozialhilfe u. ä. — sich verbietet.

J. A. van der Ven identifiziert in einem ähnlichen Versuch, die hiesige Ausgangssituation einer Befreiungspastoral zu bestimmen, die Armut als eine (der ökonomischen Modernisierung entspringende) von vier Dimensionen von Not und Leiden im europäischen Kontext. (Daneben unterscheidet er Unterdrückung als Folge der politischen Modernisierung, Entfremdung als Folge der sozialen sowie Sinnverlust als Folge der kulturellen Modernisierung (vgl. van der Ven 1989, 246)).

Ich entscheide mich im folgenden — aus den genannten Erwägungen zum Transfer-Problem — für eine andere Vorgehensweise. Ich werde zunächst den sozio-kulturellen Entfremdungsphänomenen nachgehen und ihren Zusammenhang mit der materiellen Armut auf Weltebene aufzeigen. Dabei wird die hiesige materielle Armut insofern nur indirekt zur Sprache kommen, als sie prinzipiell dem gleichen Zusammenhang der „strukturellen Sünde" entstammt.

Auf eine der wichtigsten Erscheinungsformen und Quellen hiesiger Armut wird in einem späteren Zusammenhang, nämlich der Folgen von Arbeitslosigkeit, zurückzukommen sein. Vorerst mag, als grobe Einschätzung des quantitativen Umfangs der materiellen Armut hierzulande, der Hinweis genügen, daß diese sich – ähnlich wie in den Niederlanden (vgl. ebd. 244) – bei 10 % bewegt, wenn man die statistisch „harte" Zahl der 2,3 Millionen Empfänger von Hilfen zum Lebensunterhalt (Stand: 1987) (vgl. Bäcker 1990, 375) um die Zahl derjenigen Betroffenen ergänzt, die unter die Kategorien der „verdeckten" bzw. „relativen" Armut zu subsumieren sind (vgl. Semrau 1990).

Der folgende Versuch einer solchen Zeitdiagnose – der freilich nur als „paradigmatischer" unternommen werden kann – soll anhand von vier „Schlaglichtern" erfolgen:

zum Komplex „Individualisierung",

zum Theorem der „Kolonialisierung der Lebenswelt",

zum Zusammenhang von „Selbstzwangapparaturen" und Konsumismus sowie

zum Komplex „Sicherheitswahn und Risikogesellschaft".

In allen vier Schlaglichtern geht es ferner darum, die jeweils beobachteten makro-sozialen / makro-ökonomischen Entwicklungen in ihren Wechselwirkungen zu den (entsprechenden) Wandlungsprozessen des subjektiven Faktors im Auge zu behalten: im Sinne zeittypischer Charakterprägungen (z. B. „narzißtischer Persönlichkeitstypus"), im Sinne des „Anderen der Vernunft" (Böhme/Böhme 1983) (z. B. Anstieg des kollektiven Aggressionspotentials) bzw. im Sinne der „psychoanalytischen Relativierung des Bewußtseins" (Arnason 1988, 284).

Die vier „Schlaglichter" beanspruchen jeweils den Rang „paradigmatischer Zeitzeichen", insofern jedes einen exemplarischen Aspekt der „Pathologie der Moderne" beleuchtet. Andererseits beanspruchen sie nicht, diese umfassend zu analysieren: Sie stellen sich vielmehr der Kritik (natürlich) subjektiver und selektiver Wahrnehmung der Realität, wie diese Subjektivität und Selektivität für die Arbeit eines einzelnen Theologen geradezu zwangsläufig ist. („Deutung der Zeichen der Zeit" ist selbst ein permanenter Prozeß und notwendiger Bestandteil christlich-kirchlicher Praxis: als inter-subjektiver!)

Eine weitere Vorbemerkung: Die vier Teil-Analysen verstehen sich als Differenzierung der für unsere Zwecke zu globalen „Kapitalismus"-Kritik in einem doppelten Sinn:
— Sie bleiben einerseits unzweideutig jener marxistischen Denktradition verbunden, in der sich bis heute jede authentische Kritik der Eigendynamik des Kapitals bewegt. In diesem Sinn bedeutet Differenzierung: Kritik im Detail.
— Gleichwohl werde ich die marxistische Analyse auch in dem Sinn (als Kritik) zu differenzieren versuchen, wie sich dieses Instrumentarium als zur Erfassung nicht-ökonomischer Phänomene als unzulänglich erweist (z. B. zum Verständnis der Phänomene des Unbewußten).

Hinter der Auswahl *dieser* vier Schlaglichter steht die Überzeugung, daß hiesige „Armut" (als Äquivalent zur materiellen Armut in der „Dritten Welt") nicht hinreichend in Kategorien materieller Armut zu erfassen ist, d. h. eine „Sozialpastoral", die nur an ihr ihre Ziele zu gewinnen suchte, zu kurz griffe (s. o.).

Ferner geht die Auswahl *dieser* vier Schlaglichter von der Hypothese aus, daß zwischen der wachsenden Verelendung der „Dritten Welt" und den „Pathologien der Moderne" in der „Ersten Welt" ursächliche Zusammenhänge bestehen, die eine christliche „Sozialpastoral" — wenn schon ohnmächtig, sie zu überwinden, so doch — mindestens anzuklagen, zu ihrer Aufklärung beizutragen und — soweit es ihren Kräften entspricht — an der Veränderung der hiesigen Bedingungen mitzuwirken hat.

1.1 Zum „Individualisierungs"-Komplex

Der weitestgehende Konsens über den „Preis der Zivilisation" (Kuzmics 1989), die „Pathologien der Moderne" (Kneer 1990), das Unbehagen an der Wohlstands- und Wohlfahrtsgesellschaft, der „Dialektik der Aufklärung" (Horkheimer/Adorno), der „Risikogesellschaft" (Beck 1986) usw. dürfte darin bestehen, daß sie in dieser oder jener Form den „Komplex der Individualisierung" (Kuzmics 1989, 311) als eines der hervorstechendsten Zeitzeichen beschreiben: „Viele der mit der modernen Gesellschaft in Verbindung gebrachten Probleme haben mit diesem Komplex zu tun, und er ist ein Gegenstand ganz konträrer Einschätzungen: Sofern es zu den Versprechen der Aufklärung gehört hat, Autonomie und Glück für alle zu fordern, sehen manche dieses Projekt als spektakulär gescheitert an, weil eine Dialektik der Aufklärung am Werke sei, die die legitimen Ansprüche der Menschen auf Befreiung durch neue Formen der Knechtschaft enttäuscht habe. Für andere wieder ist es gerade das Phänomen dieser Ansprüche selbst, die die Probleme der Moderne erzeugten: Mehr Selbstzügelung, mehr individuelle und kollektive Moral ist die Heilung jener Krankheit, die ‚überzogene Ansprüche' heißt" (ebd.).

1.1.1 Pathogene Tendenzen im Prozeß der Individualisierung

Das Phänomen Individualisierung erweist sich bei näherer Analyse als ebenso unübersichtlich wie mehrdeutig. In seiner sozio-historischen Genese hat es N. Elias als „Wandlungen der Ich-Wir-Balance" (1987) rekonstruiert und das vorläufige „Ergebnis" dieser aus dem Gleichgewicht geratenen Balance als das „Wir-lose Ich" (ebd. 273) charakterisiert. Ausgehend von der soziologischen Prämisse, daß es keine Ich-Identität ohne Wir-Identität gibt, d. h. erstere sich an letzterer, als der notwendigen Bedingung ihrer Möglichkeit, überhaupt nur bilden kann, weist Elias nach, daß „in der Balance von Wir- und Ich-Identität das Schwergewicht (früher) in höherem Maße auf der ersteren" (ebd. 263) lag (evident in den sog. Stammesgesellschaften, aber auch noch bis ins europäische Mittelalter hinein in Gestalt von Standesgesellschaft und [Groß-]Familien-Tradition). Erst seit der Renaissance verlagerte sich – so Elias – allmählich das Schwergewicht der Balance mehr und mehr auf die Ich-Identität. Seit Familie und Sippe nicht mehr die materielle Überlebenseinheit für den einzelnen bilden, „die Familie als Wir-Gruppe nicht mehr unentrinnbar ist" (ebd. 271), kann der einzelne sich zunehmend diesem Wir „ohne Einbuße von physischen und sozialen Überlebenschancen entziehen" (ebd.). Neuzeitliche Migrationsprozesse sowie das bekannte Phänomen zunehmender (beruflicher) Mobilität haben diesen Effekt auch über den Wir-Erfahrungsbereich der Familie hinaus verschärft.

Nun kann nach Elias dieser Prozeß der Balance-Verlagerung nicht einfachhin als linear und „fortschrittlich" interpretiert werden, vielmehr führt er in seinem derzeitigen Stadium zu einem „Grundkonflikt des Wir-losen Ichs: ein Verlangen nach Gefühlswärme, nach affektiver Bejahung anderer Personen und durch andere Personen, gepaart mit dem Unvermögen, spontane Gefühlswärme überhaupt zu geben" (ebd. 273).

Die Freisetzung und Emanzipation des Individuums aus familiären Abhängigkeiten und gesellschaftlichen Zwängen trägt von ihrem Beginn an nicht nur unstrittig positiv-fortschrittliche Züge (diese selbst zu negieren kann nicht der Sinn dieser Problematisierung sein!), sondern auch schon den Keim ihrer Pathologie. Die zeitgenössischen Erörterungen der Pathologie der Individualisierung lassen sich idealtypisch nach einzelnen Facetten unterscheiden, die das Individuum eher als „Täter" bzw. als „Opfer" der „herrschenden Zustände" sehen.

Für D. Bell (1979) „sind die egoistischen Hedonisten eher Täter als Opfer der Entwicklung" (Kuzmics 1989, 317). Individualismus ist für ihn Synonym für Egoismus als Ausdruck mangelnder Pflichterfüllung und Moral. Der konservative Kulturkritiker Bell bezieht den Maßstab solcher Kritik offenkundig aus der Tradition von M. Webers „protestantischer Ethik" des arbeits- und enthaltsamen Bürgers und seiner „innerweltlichen Askese". Der Individualist i. S. Bells ist jener Typus des konsumgeilen Freizeit-Menschen, der mit seinen zügellosen Ansprüchen und seiner Verblendung durch die Versprechungen des Massenkonsums, die moralischen Fundamente des Gemeinwesens bedroht (vgl. ebd. 317).

Für E. Fromm – wie für die Marx-Freud-Synthese der Frankfurter Schule – ist das individualisierte Individuum eher Opfer der entsprechenden gesellschaftlichen Entwicklungen (Massenkonsum, Warenästhetik u. ä.). In seiner Typologie der Sozialcharaktere (vgl. Funk 1983, 81)[10] ordnet Fromm den bürgerlichen Sozialcharakter der Früh- und Hochphase des Kapitalismus dem analen Typus (des Besitz hortenden Menschen) zu, der zugleich autoritäre Züge im Sinne eines rigiden, kontrollierenden Über-Ichs trägt (vgl. ebd. 153).

In der Überflußgesellschaft des Spätkapitalismus wandelt sich nach Fromm die autoritär geprägte Persönlichkeitsstruktur nur scheinbar, denn an die Stelle der Abhängigkeit von den patriarchalen Vätergestalten (Vorgesetzte, Chefs, Pfarrer u. ä.) treten mit zunehmender Bürokratisierung die sog. Sachzwänge, die ihrerseits Abhängigkeitswünsche und Ohnmachtsgefühle nähren. Der auf den ersten Blick orale Charaktertypus des Konsumenten entpuppt sich bei näherem

Hinschauen als „Marketing-Ich": als von entpersönlichter Autorität in Gestalt von Sachzwängen, Konsumwerbung u. ä. beeinflußt, jedenfalls „außengeleitet" (D. Riesman) und insofern abhängig (vgl. ebd. 156).
Diese Sichtweise der Zusammenhänge von Expansion der Kapitalverwertung, Massenkonsum und Sozialcharakter ist typisch für die Argumentation der sog. „Frankfurter Schule": Sie beschreibt die Geschichte der neuzeitlichen Individualisierung vor allem in „Begriffen einer Verfallsgeschichte des bürgerlichen Subjekts" (Kuzmics 1989, 317). Individualisierung trägt also − neben ihrer positiven Bedeutung i.S. von Autonomie, Emanzipation u.ä. − in diesen Analysen die problem-anzeigenden Konnotationen: egozentrisch-unmoralisch, außengeleitet, verführbar, abhängig. *Und*: „atomisiert" i.S. von „Vereinzelung"/„Vereinsamung" auf der einen sowie bedürftig nach, zugleich unfähig zu emotionaler Beziehung und Verbindlichkeit (vgl. Elias 1987).

1.1.2 Narzißmus als Pathologie des Individualismus (Kuzmics)

Das letztere gilt nun vor allem für die „Zeitdiagnose" vom „narzißtischen Sozialcharakter". Im Zusammenhang des Individualisierungs-Komplexes stellt die neuere Narzißmus-Diskussion bzw. die Beobachtung eines „narzißtischen Sozialcharakters" insofern eine für unsere Fragestellung wichtige Facette dar, weil sie als eine besonders evidente Herausforderung an eine „Sozialpastoral" anzusehen ist.
Gilt dies − wie noch zu zeigen ist − bereits für die erörterten Aspekte eines wachsenden Trends zur Individualisierung überhaupt, so erst recht für jene Erscheinungsform, die noch deutlicher dem Bereich des Unbewußten zuzuordnen ist als die erwähnten Phänomene der Außenlenkung, Abhängigkeit, Konsumorientierung u.ä.
Hatte Th. Ziehe Mitte der 70er Jahre mit seinem Buch „Pubertät und Narzißmus" (1975) hierzulande eine umfangreiche Diskussion um den „Neuen Sozialisationstypus" vor allem in pädagogischen Kreisen und Diskussionszusammenhängen angestoßen, so generalisierte Ch. Lasch mit seinem Buch „Das Zeitalter des Narzißmus" (1982) das (Narzißmus-)Thema zu einer gesamtgesellschaftlichen Zeitdiagnose.[11]
Vereinfacht lautet die „Zeitdiagnose" vom „narzißtischen" Sozialcharakter, daß dieser den „vorherigen", nämlich den „autoritären",

„Über-Ich-geprägten", abgelöst habe. Oder, mit H. Kuzmics, bezogen auf eine größere geschichtliche Zeitspanne: „Am Anfang des Bürgertums stand das ‚heroische Subjekt', am (vorläufigen) Ende ist es weitgehend verschwunden und macht einem ziemlich jämmerlichen Vertreter der bürgerlichen Spezies Platz! Der Narzißt betritt die Bühne, ängstlich, aber ohne tiefere Schamgefühle, von Phantasien der Grandiosität getragen, aber innerlich leer; abhängig von anderen, unfähig, seine Bedürfnisse aufzuschieben, ist er auch nicht imstande, zu anderen tiefere Beziehungen einzugehen ..." (Kuzmics 1989, 173).
So treffend in dieser Aussage (des sich bürgerlich-liberal verstehenden Zeitanalytikers Kuzmics) einzelne Merkmale des neuen Charaktertyps gekennzeichnet sind, so deutlich zeigt dieses Zitat die (konservativ-moralisierende) Deutung, die — ganz in der Linie Freuds selbst, der den Narzißmus nur als Pathologie sehen konnte — immer noch mit seiner Beschreibung einherzugehen pflegt. Diese negative Bewertung steht im Gegensatz zu jener der neueren (neo-freudianischen) psychoanalytischen Narzißmus-Forschung, die die entsprechende (nicht-neurotische!) Persönlichkeits-Färbung keineswegs negativ bewertet, sondern z. B. die Fähigkeit solcher Menschen zu Kreativität und Empathie hervorhebt.
Allerdings: Bestimmte Merkmale des narzißtischen Sozialcharakters können als eine Art „Pointierung" der Pathologie des Individualismus gelten:
— die Suche/Sucht nach symbiotischen/ambivalenzfreien sozialen Situationen/Gruppen, „Klimaten";
— die permanente Bedürftigkeit für emotionale Nähe und Zuwendung bei gleichzeitiger Unfähigkeit zu verbindlichen Beziehungen (Warencharakter von Beziehung bzw. Wegwerf-Beziehung);
— das permanente Hin- und Her-Gerissen-Sein zwischen Größenphantasien und Selbstzweifel, Selbstüberschätzung und Minderwertigkeits- bzw. Ohnmachtsgefühl.
Solche Persönlichkeits-Zustände dürfen freilich nicht — wie es oft geschieht und für Alltags-Kommunikation auch offenbar unumgänglich ist — moralisch bewertet werden, insofern sie dem Betroffenen unbewußt, d. h. rationaler und voluntativer Steuerung entzogen sind. Gleichwohl muß ein Konzept der Sozialpastoral, d. h. der „Evangelisierung der Kultur", mit ihnen rechnen als der unbewußten „Schattenseite" des „autonomen", „emanzipierten" neuzeitlichen Individu-

ums. Daß die Phänomenologie narzißtischer Erlebens- und Verhaltensmuster ungleich komplexer ist, als sie hier skizziert werden könnte (ganz zu schweigen von der klinischen und psychoanalytisch-theoretischen Komplexität der Phänomene), kann „schlaglichtartig" (= paradigmatisch) die Aporien einer praktisch-theologischen Theoriebildung veranschaulichen, deren Gegenstand die gesellschaftliche Realität als ganze bildet.

Eine befreiungstheologisch inspirierte Sozialpastoral muß freilich mit solchen Aporien leben, will sie nicht unreflektiert in die binnenkirchliche[12] bzw. dezisionistisch reduzierte[13] Partikularität ihres Gegenstandes zurückfallen, die gerade das Dilemma des „alten" Pastoral-Paradigmas ausmacht.

1.2 „Kolonialisierung der Lebenswelt" (Habermas)

Mit dem Topos „Kolonialisierung der Lebenswelt" wird – ebenso wie mit dem „Individualisierungs"-Theorem – eine gesellschaftliche „Problemanzeige" gemacht, die einerseits den derzeitigen Endpunkt eines über lange Zeiträume rekonstruierbaren Prozesses gesellschaftlicher Entwicklung markiert, andererseits eine aus eben diesem Prozeß resultierende „Pathologie" bezeichnet. Der Begriff wurde von J. Habermas geprägt und setzt zwei zentrale Begriffe/Konzepte seiner Gesellschaftstheorie zueinander in Beziehung. Ohne die theoretische Komplexität des Lebenswelt-Theorems bzw. seines System-Umwelt-Theorems hier auch nur ansatzhaft entfalten zu können, seien beide zunächst insoweit skizziert, daß die Rede von der „Kolonialisierung der Lebenswelt" verständlich wird. Was bedeuten, nach Habermas, zunächst die Begriffe „System" und „Lebenswelt"?

Die fortschreitende Differenzierung und gleichzeitige Verzahnung des ökonomischen und des administrativen Subsystems moderner Gesellschaften scheinen ein neues qualitatives Stadium erreicht zu haben. Der Durchschnittsmensch erfährt die Auswirkungen dieser Verzahnung und gleichzeitigen Expansion diffus als Anonymisierung, als „Undurchschaubarkeit des Ganzen", und reagiert darauf mit Ohnmachtsgefühlen und Apathie. Diese wandeln sich gelegentlich in dumpfe Wut, wenn die irrationalen Nebeneffekte solcher überkomplexen Zusammenhänge plötzlich drastisch vor Augen stehen: die Folgen des Tankerunglücks vor der Küste Alaskas, die Flugkatastro-

phe von Ramstein, der „Störfall" Tschernobyl ... Daneben die vielen kleinen Biblis' und Hamm-Uentrops samt den stereotypen Beteuerungen der Aufsichtsbehörden, die zulässige Schadstoffgrenze sei noch nicht erreicht und folglich Menschenleben nicht in Gefahr.
Andere Wahrnehmungen schleichender „Invasionen": die Flut der Reklamebeilagen zur Morgenzeitung wächst ebenso beständig wie die Zahl der kleinen und großen Dinge im Alltag, die man eigentlich nicht braucht, aber kauft oder geschenkt bekommt: die „Einwegfeuerzeuge, Pappbecher, Kinderüberraschungen, Neo-Glanzpapiere, Anstecknadeln und Brieföffner" ... „Eierkocher, die Quirl-rührknet-und-Saft-Maschine, der elektrische Büchsenöffner und die wisch-und-weg-Komplettbox" (van Deelen 1989).
Daß wir uns fast ebenso lautlos an diese Invasion unseres Alltags gewöhnen, wird uns nur noch durch ausdrückliche „Aufklärung" bewußt, ebenso wie sich gelegentlich noch mal Erschrecken einstellt, wenn wir oder andere uns bewußt machen, wie schnell wir Biblis, Tschernobyl und ähnliche Ereignisse und Katastrophen auch wieder vergessen haben: Auch dieses Vergessen bzw. Verdrängen scheint „System zu haben". Das „System-Lebenswelt"-Theorem versucht, diese Erfahrungen soziologisch und sozialpsychologisch zu erklären, indem es die Auswirkungen „systemischer" Komplexitätssteigerung auf die Lebenswelt beschreibt. Nach Habermas haben sich die staatliche Bürokratie (die „administrative Macht") und der kapitalistische Markt (mit seinem „Steuerungsmedium Tauschwert") zu einem „monetär-administrativen Komplex verdichtet, haben sich gegenüber der kommunikativ strukturierten Lebenswelt (mit Privatsphäre und Öffentlichkeit) verselbständigt und sind offenbar *überkomplex* geworden" (Habermas 1985 B, 182). Aus dem Faktum des überkomplexen „Systems" resultieren für die Individuen Konflikte, „die heute eher eine sozialpsychologische Gestalt haben: die Verteidigung der von innerer Kolonialisierung bedrohten Lebensformen" (ebd.).
Mit „Lebenswelt" ist in diesem theoretischen Zusammenhang – verkürzt – zweierlei gemeint: a) die alltagsweltlichen Plausibilitäten, an denen wir, zumeist vorbewußt und unreflektiert, unsere Wahrnehmungen und unser Handeln orientieren und b) bestimmte Kollektive, Milieus u. ä., die einerseits einheitliche „Sinnwelten", „Weltbilder" repräsentieren und andererseits „Orte" darstellen, an denen Indivi-

duen sich („kommunikativ") Elemente solchen Welt-Verstehens aneignen, sich wechselseitig des Sinns menschlichen Handelns und gesellschaftlicher Realität versichern. In lebensweltlich strukturierten Kommunikationszusammenhängen geschieht – nach Habermas – eine „reflexive Verflüssigung von Weltbildwissen" (ebd. 188 f.), deren Effekte als „fortschreitende Individuierung und ... Entstehung universalistischer Moral und Rechtssysteme" (ebd. 189) beschrieben werden können.

Nun besagt die Beobachtung bzw. These von der zunehmenden „Kolonialisierung der Lebenswelt" wiederum zweierlei:

a. Wirtschaft und Bürokratie dehnen – teils gezielt, teils inneren Gesetzmäßigkeiten folgend – ihre Einflußbereiche immer mehr „in Richtung" der Lebenswelt aus; immer neue „soziale Materien aus dem Hoheitsgebiet der Lebenswelt (werden) in die mediengesteuerten und formal-rechtlich organisierten Problembereiche überführt" (ebd. 189).

b. Dieser Prozeß kann aber keineswegs als wertneutral gelten: „Heute dringen die über die Medien Geld und Macht vermittelten Imperative von Wirtschaft und Verwaltung in Bereiche ein, die irgendwie kaputt gehen, wenn man sie vom verständigungsorientierten Handeln abkoppelt..." (ebd.).

Die Gefahr der Deformation der Lebenswelten besteht vor allem dort, wo ihr Aufgaben entzogen werden, die nur in kommunikativ strukturierten Handlungsbereichen sinnvoll erfüllt werden können: Aufgaben der kulturellen Reproduktion, der sozialen Integration und der Sozialisation (vgl. ebd.). Habermas resümiert zum aktuellen Stand der Entwicklung: „Die Frontlinie zwischen Lebenswelt und System bekommt damit (d.h. mit zunehmender „Kolonialisierung", H. S.) eine ganz neue Aktualität" (ebd.). Daß die bedrohten Aufgabenbereiche der kulturellen Reproduktion bzw. der Sozialisation christliche Tradition und vor allem die Gemeinde (-pastoral) zentral betreffen, liegt auf der Hand.

Habermas benutzt den Lebenswelt-Begriff – grob – in zwei verschiedenen Zusammenhängen, um beide später in einer Art zweistufiger Funktion als Schritte zu einer adaequaten Theorie der Gesellschaft zu verwenden (vgl. Kneer 1990, 61):

– Formalpragmatisch stellt Lebenswelt eine Komplementär-Kategorie zu der des kommunikativen Handelns dar. „Sprachlich vermittelte

Kommunikations- und Interaktionsprozesse (sind) stets in einen Rahmen von unproblematischen, allgemein anerkannten Deutungen eingelassen" (ebd.).

– Als soziologische Kategorie ist sie auf den (komplementären) System-Begriff bezogen und bezeichnet als solche die „Perspektive auf Gesellschaft" aus der Sicht der beteiligten Individuen, bildlich gesprochen: „von unten", wogegen die „System"-Perspektive die des analysierenden Beobachters, also quasi „von oben", bezeichnet.

Als Komplementär-Begriff zu „kommunikativem Handeln" bezeichnet Lebenswelt bei Habermas (vgl. 1981, II) den „Rahmen von unproblematischen, allgemein anerkannten Deutungen ..." (ebd. 107f.) einen „Horizont von unhinterfragten, selbstverständlichen Hintergrundüberzeugungen" (ebd. 108), der als solcher den Kontext derjenigen Kommunikationsprozesse bildet, in denen die jeweiligen Handlungssubjekte sich verständigen, Normen und Geltungsansprüche aushandeln usw.

In der Auseinandersetzung mit der phänomenologischen Tradition (Husserl, Schütz, Luckmann) ist für Habermas dabei wichtig, daß immer neue „Materie" aus dem Bestand lebensweltlicher Hintergrund-Überzeugungen im Verständigungs-Diskurs kommunikativ „verflüssigt", d.h. rational angeeignet wird. In diesem Prozeß verlieren die jeweils problematisierten Ausschnitte des Hintergrundwissens einerseits ihren Status als fraglos gegebener lebensweltlicher Deutungsvorrat, andererseits vollzieht sich darin, was Habermas die „symbolische Reproduktion der Lebenswelt" (Habermas 1981, II, 209) nennt, und zwar in den Facetten der kulturellen Reproduktion, der sozialen Integration und der Sozialisation (vgl. Kneer 1990, 64).

Als *soziologische* Kategorien bekommt der Lebensweltbegriff – ohne seine inhaltliche Bedeutung zu variieren – eine zusätzliche Funktion als Komplementärbegriff zu dem des „Systems", d.h. er wird konzeptuell verändert (vgl. ebd. 70): „Mit dem soziologisch gewendeten Lebenswelt-Konzept werden gesellschaftliche Handlungsbereiche, die primär durch sozialintegrative Mechanismen zusammengehalten werden, beschrieben" (ebd.). Als sozialintegrative Mechanismen gelten Formen der Vergesellschaftung, die die Handlungsorientierungen der Akteure aufeinander abstimmen und so gesellschaftliche Ordnung (gleichsam „von unten") erzeugen.

Vergesellschaftung bzw. Integration von Individuen erfolgt aber gleichzeitig immer auch über „systemische" Einwirkung. Habermas verwendet den Systembegriff zunächst in Anlehnung an das System-Umwelt-Modell der Systemtheorie: darin werden gesellschaftliche Zusammenhänge als soziale Systeme vorgestellt, die in einer überkomplexen Umwelt ihren Bestand dadurch erhalten, daß sie ihre Binnenkomplexität steigern. Gesellschaftliche Prozesse bzw. Gesellschaft selbst als „System" zu betrachten, stellt also eine ergänzende theoretische Operation zur Lebenswelt-Perspektive insofern dar, als nicht alle gesellschaftlichen Vorgänge und Ereignisse aus den Intentionen handelnder Subjekte entspringen bzw. erklärt werden können. Vielmehr werden die einzelnen Handlungen der Subjekte „über funktionale Zusammenhänge, die von ihnen nicht intendiert sind und innerhalb des Horizonts der Alltagspraxis meistens auch nicht wahrgenommen werden" (Habermas 1981, II, 226), koordiniert.
Habermas hat nun mit Hilfe des System-Modells vor allem die gesellschaftlichen Subsysteme des modernen Staatsapparates und des kapitalistischen Wirtschaftssystems analysiert und die zunehmende Verzahnung beider Systemkomplexe beschrieben: Die den beiden Medien Geld und Macht offenkundig innewohnende „unaufhaltsame Eigendynamik" tendiert dazu, „Handlungsbereiche systematisch (zu) unterlaufen, die auf soziale Integration angewiesen sind" (ebd. 484).
Was Max Weber als neuzeitlichen „Sinnverlust" im Vergleich zu einer ehemals von der protestantischen Berufsethik zusammengehaltenen Einheit von rationalem Berufsalltag und bürgerlicher Privatsphäre diagnostizierte, erklärte Habermas mit dem Theorem der zunehmenden „Kolonialisierung" der Lebenswelt: „In dem Maße, wie das ökonomische System die Lebensformen der privaten Haushalte und die Lebensführung von Konsumenten und Beschäftigten seinen Imperativen unterwirft, gewinnen Konsumismus und Besitzindividualismus, Leistungs- und Wettbewerbsmotive prägende Kraft. Die kommunikative Alltagspraxis wird zugunsten eines spezialistisch-utilitaristischen Lebensstils einseitig rationalisiert; und diese medieninduzierte Umstellung auf zweckrationale Handlungsorientierungen ruft die Reaktion eines von diesem Rationalitätsdruck entlastenden Hedonismus hervor" (ebd. 480). Das Theorem der „Kolonialisierung" der Lebenswelt kann zweifellos die Beobachtung von der wachsenden In-

dividualisierung und Atomisierung der Menschen in hochindustrialisierten Gesellschaften theoretisch erhellen:

– Es liegt im system-immanenten, aus der Eigendynamik des Kapitals resultierenden („Kapitalverwertungs-")„Interesse", daß möglichst viele Invididuen als Verbraucher/Konsumenten jeweils bestimmte Waren/Gegenstände besitzen/kaufen. Diese werden ihnen – wo die urwüchsigen Bedürfnisse allein nicht die nötige Nachfrage schaffen – notfalls mit Hilfe von Werbepsychologie und Warenästhetik „angedreht": Man muß nicht einmal mehr miteinander eine Fernsehsendung anschauen (und womöglich diskutieren = d. h. lebensweltlich-kommunikativ aneignen): jeder hat seinen eigenen Apparat!

– Ebenso liegt es im „Interesse" des Bürokratie-Apparates, möglichst viel „sperrige" Individualität in computer-steuerbare „Nummern" zu verwandeln (vgl. auch Füssel 1986): Der Austausch von Betroffenheit in der Nachbarschaft über die neuerliche Strompreiserhöhung findet immer seltener statt, weil die Stromrechnung vom Konto abgebucht wird. Und: die kollektive Empörung über das beiläufige Bekanntwerden des Reaktor-Unfalls findet nicht statt.

– Schließlich läßt sich – wiederum am Beispiel – die Verzahnung beider Systeme und ihrer Medien an der Monetarisierung von Dienstleistungen aufzeigen: Altenpflege wird dem Familienverband gegen „Pflegesätze" abgenommen, die ihrerseits über langjährige Krankenkassenbeiträge angespart, neuerdings über ein eigenes Versicherungssystem organisiert werden.

So einleuchtend die Kolonialisierungsthese für die (makro-)soziologischen Zusammenhänge und Bedeutungsfaktoren einer Pathologie der Alltagswelt auch sein mag, so unbefriedigend bleibt sie in ihrem Erklärungswert, was die „inneren" Prozesse, das subjektive Erleben, die langfristigen Veränderungen gar des „subjektiven Faktors"[14] angeht.

Diesen Prozessen und Veränderungen werden wir in einem weiteren Rekonstruktions-Versuch nachgehen, der eine Brücke von M. Webers „Protestantischer Ethik" zum „Neuen Sozialisationstyp" zu schlagen versucht.

1.3 Zwischen Disziplinierung und Hedonismus – Zur Soziogenese und Psychogenese des ‚Neuen Sozialisationstypus'

Ebenso wie der „Komplex der Individualisierung" (vgl. 1.1) zwar einen der „Zwänge der Moderne" (Kuzmics) markiert, sich aber in seinen Enstehungslinien bis weit in das Mittelalter zurückverfolgen läßt, so gilt dies erst recht für das Phänomen, das im folgenden thematisiert werden soll: der Zusammenhang von Disziplin und kapitalistischer Produktionsweise.
Bezeichnenderweise wird uns dieser Zusammenhang neuerlich erst wieder bewußt in einem anderen – „modernen": dem der „Hedonisierung" des Freizeitsektors. Disziplinierung als Bedingung und Folgewirkung einer immer mehr rationalisierten Arbeitswelt auf der einen, eine die Gefühle aktivierende bzw. über die Entfesselung der Gefühlswelt gesteuerte Freizeit auf der anderen Seite: das ist, nach Ansicht von Zeitanalytikern, eine grundlegende Erlebensform des Menschen hochentwickelter Industriegesellschaften. Nach T. Ziehe (1975) bringt das tägliche bzw. wöchentliche „Wechselbad" zwischen Arbeitswelt und Freizeitbereich einen „Neuen Sozialisationstyp" hervor, der uns als „Sozialcharakter" bereits im Zusammenhang des Individualisierungs-Theorems begegnete: der „narzißtische" Zeitgenosse.
Was den Zusammenhang von Arbeitsdisziplin und rationalisierter Produktion betrifft, so fasziniert bis heute – und zwar nicht nur theologisch-religionssoziologisch interessierte Zeitgenossen – Max Webers berühmte Theorie vom „Geist des Kapitalismus" als Ausdruck und Folge jener „protestantischen Ethik", die wirtschaftliche Tüchtigkeit und weltlichen Erfolg als Anzeichen und Garant göttlicher Rechtfertigung begriff. Daß freilich die Geschichte der abendländischen Arbeitsdisziplin nicht erst mit der Reformation beginnt, gerät bei der Faszination der Weber-These oftmals aus dem Blick, ebenso wie die wichtige Unterscheidung, die er im ersten Kapitel seiner „Protestantischen Ethik" (1988, 31 f. 45) vornimmt: zwischen der Selbstdisziplin des Unternehmers und der Fremddisziplinierung des Arbeiters. In ihrer Studie „Über die ‚Wahlverwandtschaft' von Kloster- und Fabrikdisziplin" (Untertitel) weisen Treiber und Steinert (1980) den Klöstern, insbesondere denen der Benediktiner und Zister-

zienser, eine Schlüsselrolle in der Entwicklung jener Disziplinierungs-Techniken zu, derer sich noch heute Fabrikherren (oder: die Industrie) bedienen. „Wir halten das Kloster für das früheste und folgenreichste ‚Labor' zur Entwicklung dieser Technik in unserem Kulturraum, das, wenn es auch zu anderen Zwecken geschaffen wurde, doch auch die ... ökonomischen Vorteile dieser Technik deutlich demonstriert" (ebd. 91).[15]

Max Weber hat nun nicht nur einen Zusammenhang zwischen Selbstdisziplin des Unternehmers, Fremddisziplinierung des (Fabrik-)Arbeiters und der (beide betreffenden) protestantischen Ethik behauptet, sondern auch schon „einen Zug zur Polarisierung zwischen Fach- und Genußmenschentum beobachtet" (Habermas 1981, II, 450), und zwar in den von ihm typisierten „Stilen der Lebensführung" (ebd.).[16]

Diese Polarisierung wird nun vermehrt zum Gegenstand von Untersuchungen der kritischen Psychologie, die den Zusammenhängen und Interdependenzen von soziogenetischen und psychogenetischen Prozessen gelten. Als ein Pionier und Klassiker dieser Forschungsrichtung kann der Soziologe Norbert Elias angesehen werden, auch wenn er nicht zum Kreis der modernen kritischen Psychologie (Holzkamp, Schneider, Schülein, Rammstedt, Ziehe u. a.) zählt, sondern eher als Sozialhistoriker und Soziologe gilt. Immerhin kann sein berühmtes zweibändiges Werk „Über den Prozeß der Zivilisation" (1978) als Paradebeispiel für eine zugleich soziohistorische wie (sozial-)psychologische Betrachtensweise gesellschaftlicher Prozesse bezeichnet werden.

N. Elias hat in seiner subtilen Rekonstruktion des (europäischen) Prozesses der Zivilisation aufgezeigt, „wie die Regelung des gesamten Trieb- und Affektlebens durch eine beständige Selbstkontrolle immer allseitiger, gleichmäßiger und stabiler wird" (II, 313)[17].
„Elias spricht von einer unsichtbaren Mauer, die über die Jahrhunderte hindurch angewachsen ist und immer schwerer übersprungen werden konnte: es sind die ganz trivalen Bedürfnisse des Alltags, die immer weniger im ‚Hier und Jetzt' befriedigt werden können" (Kuzmics, 314).

Gilt Elias' Interesse eher den domestizierenden Effekten des Zivilisationsprozesses (und insofern, jedenfalls indirekt, auch der „Dialektik der instrumentellen Vernunft"), so haben neuere sozialpsychologische Analysen die dialektische Gegenbewegung zu jenen ständig noch wachsenden „Selbstzwangapparaturen" (ebd. 315) untersucht. Ob die Autoren dabei mit dem Begriffspaar „Produktions-/Reproduktionsbereich" operieren oder (weniger „marxistisch") von der Komplementarität von Arbeits- und Freizeitwelt ausgehen: Im Ergebnis ihrer Analysen stimmen sie darin überein, daß dem wachsenden Rationalitätsdruck im Arbeitsbereich ein ebenso starker Einfluß in Richtung der entsprechenden („triebentfesselten") Gegenbewegung im Freizeitsektor entspricht. „Die extreme Anspannung der Produzenten im Arbeitsprozeß erzeugt notwendig ihre pathogene Gegenbewegung: die extreme Entspannung und Erschlaffung im „psychodelischen" Konsumrausch! Diese im Produktions- und Zirkulationsrhythmus des Kapitals von einem Extrem in das andere fallende zickzackförmige Triebbewegung zerstört tendenziell jedes gesicherte psychosexuelle Fundament", stellt Schneider in seinem Buch „Neurose und Klassenkampf" (1973, 291; zit. bei Ziehe 1975, 104) fest. „Zwischen zwanghafter Triebunterdrückung in der Produktion und zwanghafter Triebentfesselung in der Konsumoption hin und hergerissen, geraten die arbeitenden Konsumenten in eine Art ununterbrochene ‚double-bind'-Situation hinein" (ebd.).

Thomas Ziehe hat Mitte der 70er Jahre die ‚systemimmanente' Dynamik der Kapitalverwertung in ihren Auswirkungen auf die „Situationsveränderungen der Subjekte im Spätkapitalismus" (ebd. 56) beschrieben und deren Auswirkungen auf das Entstehen eines „Neuen Sozialisationstyps" studiert. Er erklärt den Zusammenhang von steigender Rationalisierung am Arbeitsplatz und wachsender Emotionalisierung des Reproduktionsbereichs in der dem Kapital immanenten Expansionstendenz, die die Stoßrichtung der Kapitalverwertung – nachdem die traditionellen Märkte gesättigt sind – mehr und mehr in den Konsum- und Freizeitsektor verlagert. Die dazu notwendige Motivation der Konsumenten muß dazu mit Hilfe der Sexualisierung der Waren, d.h. ihr Vertrieb mit Hilfe des werbewirksamen Appells an die Libido, geschaffen werden. Die sog. „Warenästhetik", die „schöne Verpackung" der Gebrauchsgüter (bzw. der zumeist nicht wirklich gebrauchten, sondern als Lebensqualität steigernd suggerierten Güter), erfüllt gleichzeitig einen zweiten Zweck: Sie füllt das im Spätkapitalismus spürbar wachsende „Orientierungs-Vakuum" partiell durch neue, triebstrukturell fundierte Bindung an die Welt der

Konsumwaren" (Ziehe, 101). Das neuzeitliche Sinndefizit wird von der Warenästhetik auf diese Weise „scheinhaft in Form des ‚richtigen Lebensstils' rekonstruiert" (ebd. 102). (Plakativ veranschaulicht: An die Stelle des täglichen Tischgebets, das den Alltag gleichsam in einen großen Sinn-Zusammenhang stellte, tritt die Fernseh-Reklame von der Margarine XY, mit der die glückliche Familie am Frühstückstisch dargestellt und dem Käufer ‚beiläufig' eben dieses Glück mitgeliefert wird.)

Nun bleibt – nach Ziehe – gleichwohl ein Rest von Sinnverlangen bzw. Sinnleere, die auch die Warenästhetik offenbar nicht auszufüllen vermag und die von dem täglichen bzw. wöchentlichen Wechselbad zwischen rationalisierter Arbeitswelt und triebenthemmendem Konsum letztendlich immer neu unbewußt-bewußt wird. Dieses Vakuum füllen nun – und damit wird die Zeitdiagnose auf den Generations- und Sozialisationsaspekt ausgeweitet – Menschen der Elterngeneration mit einer Zuflucht zu einem letzten Sinn, der nicht trügerisch ist: die Geburt und Aufzucht von Kindern.

Die affektiven Versagungen (zumal der Mangel an Selbstbestätigungsmöglichkeiten am Arbeitsplatz) sowie die kognitive Verunsicherung, was die Orientierung an gültigen Werten und Leitbildern angeht, werden über entsprechend überhöhte Erwartungen an die Kleinfamilie bzw. die Intimpartner zu kompensieren versucht. Dabei kommt den Kindern eine – ihnen im Familienzusammenhang unbewußt zugeschobene – Schlüsselfunktion als Garanten und Stabilisatoren eines solchen „letzten" Sinnes zu (vgl. Ziehe, 106–132). Da in diesem Prozeß – die Ziehesche Typisierung nochmals stark vereinfachend – den Müttern nicht nur die Doppelbelastung (Arbeitsplatz, Familie und Kinderaufzucht), sondern zugleich eine Dominanz im Familiensystem zuwächst (insofern die kognitivorientierungslosen Väter als Garanten und Anwälte der „Tradition", des „Gesamt-Sinns" mehr und mehr ausfallen), sind sie die entscheidenden Bezugspersonen der Kinder. Dieser Zusammenhang bewirkt jene symbiotische Beziehung zwischen der dominanten Mutter und dem prä-ödipal fixierten Kind, das zur sog. „narzißtischen" Symptomatik bzw. Disposition führt.

Daß der „Neue Sozialisationstyp" in diesem Sinn nicht auf den Jugendlichen bezogen gedacht werden darf, sondern eben den so beschriebenen *Generations*-Zusammenhang meint, geriet in der jugendtheoretischen Diskussion im Anschluß an das Buch Ziehes Ende der 70er Jahre immer wieder aus dem Bewußtsein: Nicht die „neuen" Jugendlichen „sind das Problem", sondern – wenn überhaupt – die Elterngeneration, die sich in diesem gesellschaftlichen Zusammenhang von affektiver Versagung (am Arbeitsort) und emotional-libidinöser Überfütterung im Freizeit- und Konsumsektor gleichsam instinktiv an ihre Kinder (als dem einzig verbleibenden Lebenssinn) klammern.

Daß in den wachsenden Freizeiträumen nicht nur ein neuer Markt nach dem anderen (Ski-, Surf-, Skateboard- usw. samt den jeweils zugehörigen Bekleidungs- und Ausstattungs-Industrien) entsteht, sondern auch ein Psycho-Markt, der genau an den erörterten Widersprüchen ansetzt, macht eine zusätzliche Pikanterie dieser Entwicklung aus. Dort üben die Individuen, die für den Arbeitsprozeß in Triebaufschub trainiert wurden, Gefühle im „Hier und Jetzt" zu leben. Für den konservativen Zeit-Kritiker Daniel Bell (1979) ist der Psycho-Boom Bestandteil des „hedonistischen Syndroms": „Zum materiellen Konsum gesellen sich ‚Glückstherapien' in ‚sensitivity-Trainings' und den mannigfachen Encounter-Gruppen, die mit ihrer Betonung von Körperkontakt und Berührungsübungen im ‚Hier-und-Jetzt' den Menschen von Hemmungen und Zwängen befreien (wollen), damit er seine Impulse und Gefühle leichter äußern kann" (ebd. 90; zit. nach Kuzmics, 147).

Wenn es denn eine [„nicht-zynische"] Logik der Entwicklung vom klösterlich grundgelegten, durch protestantische Ethik allseits für die moderne Produktion zurecht-gerichteten Arbeitsmenschen, sein Gegenbild im hedonistisch-laszien Konsumisten bis zum Psycho-Oasen-Pilger gibt, so ist es – die Logik des Marktes.

Mit diesem spürbar zynischen Fazit ist eine ernste Aufgabe der Sozialpastoral angedeutet, deren Ausmaß noch nicht zu übersehen ist. Daß die gesellschaftliche Situation sowie die psycho-soziale Verfassung des neuzeitlichen Individuums in der „Ersten Welt" eine Herausforderung christlicher Praxis und kirchlicher Pastoral darstellt und eben nicht deren „Rahmenbedingungen" (wie die traditionelle Pastoral immer noch meint), dürfte unstrittig sein, wenn denn „Evangelisierung der Kultur" ein anderer Name für das Programm der Sozialpastoral ist.

1.4 Sicherheit — die säkularisierte „Hoffnung auf ewiges Leben"

Sicherheit ist einer jener Begriffe, an deren Existenz und schleichende Allgegenwart wir uns längst gewöhnt haben. Das mag einer der Gründe dafür sein, daß er — bis auf wenige Ausnahmen — in den Zeitdiagnosen und ideologischen Kontroversen der Gegenwart kaum thematisiert wird.

Zu den Ausnahmen zählt das inzwischen klassische Werk Peter Brückners „Freiheit, Gleichheit, Sicherheit" (1966). Sein Untertitel: „Von den Widersprüchen des Wohlstands". Der Bremer Verfassungsrechtler Ulrich K. Preuß bringt in seinem Vorwort zur Neuausgabe (1989) des Werkes seinen thematischen Zusammenhang mit unserer „Zeitanalyse" auf den Punkt: „Der Titel des Buches hat einen ironisch-bitteren Beiklang: Freiheit, Gleichheit, Sicherheit — die Brüderlichkeit ist in der Wohlstandsgesellschaft offenbar dem Streben nach Sicherheit zum Opfer gefallen" (ebd. 9). Preuß' Rekonstruktion der Geschichte des Sicherheits-Gedankens seit 1789 — damals zunächst — „nichts anderes als die öffentliche Garantie von Freiheit" (ebd.) — mündet in die Frage: „Wie kommt es, daß Sicherheit diesen menschenrechtlich-begeisternden Charakter zunehmend verloren, als bourgeoise Sekurität und, wie Marx es formulierte, als ‚Versicherung des Egoismus' eine eher verächtliche Konnotation erhalten hat und heute zu einem Codewort für eine Stimmungslage geworden ist, die zwischen verzweifelter Hoffnung und resigniertem Bangen schwankt?"

Welche zeitgenössische Pathologie verbirgt sich hinter jenem „sich universalisierenden sozialen Sicherheitsbedürfnis" (Preuß, 19), dessen latente Allgegenwart sich noch in dem ungewöhnlichen Widerhall spiegelt, den U. Becks Diagnose von der „Risikogesellschaft" gefunden hat, das ja die Anzeichen einer ebenso fundamentalen Krise eben dieser „sozialen Sicherheit" analysiert? Was Habermas (1985 A) fast zeitgleich mit Becks Analyse auf die Formel der „erschöpften utopischen Energien" (ebd. 143) der deutschen Nachkriegsgesellschaft gebracht hat, nämlich der Utopie der Vollbeschäftigung und der wohlfahrtsstaatlichen Absicherung der „Grundrisiken der Lohnarbeit (Unfall, Krankheit, Verlust des Arbeitsplatzes, unversorgtes Alter)" (ebd. 147), hilft die erwähnte Rekonstruktion U. Preuß' hinsichtlich

der ideen-, bewußtseins- und religionsgeschichtlichen (!) Genese der Sicherheits-Utopie besser zu verstehen.
Stand (ideengeschichtlich) am Beginn des bürgerlichen Selbstverständnisses das erwachende politische Bewußsein, „daß die Sicherheit des citoyen nach der Idee der Französischen Revolution vor allem in der Solidarität der gleichen und freien Bürger, d.h. in ihrer wechselseitigen Beziehung aufeinander in einem vernünftigen Gemeinwesen" (Preuß, 21) bestand, so zerbrach diese Idee an den Realitäten der bürgerlichen Klassengesellschaft. Mit Marx' Attacke auf die Legitimität des Privateigentums bekommt der Begriff der Sicherheit eine ambivalente Bedeutung: „Er enthält sowohl das Element der sicheren Versorgung mit den notwendigen Lebensmitteln im Sinne von Subsistenzsicherheit" (erg.: darin eine Kontinuität jenes revolutionären Impulses wahrend, den das Eigentum des beginnenden Bürgertums als „Rammbock" gegen die parasitären Stände des Adels und der Geistlichkeit darstellte; vgl. ebd. 14). Andererseits bekommt „Sicherheit" in seiner (sozialistischen) Stoßrichtung *gegen* das Privateigentum „auch die Bedeutung von sozialer Solidarität im Sinne einer durch Gleichheit und Wechselseitigkeit gekennzeichneten gesellschaftlichen Struktur" (ebd. 15). Bekanntlich dauert der ideologische Kampf um die Frage, ob das sozialistische Projekt mit seiner Vergesellschaftung der Produktionsmittel und kollektiven Formen der Sicherheit bessere Bedingungen für soziale Solidarität schafft als das wohlfahrtsstaatliche Modell (vgl. ebd. 16), bis in unsere aktuelle Situation an.
Bewußtseins-geschichtlich (und das heißt vor allem auch: was die Auswirkungen der Privateigentums-Sicherheit auf den „subjektiven Faktor" betrifft) bleibt die Beobachtung wichtig, daß sich das Sicherheits-Motiv sehr bald entpolisierte und zur „bourgeoisen Sekurität (geriet), die den Verzicht des Bürgertums auf eine eigene aktive politische Gestaltung bezeugt" (ebd. 14).[18]
Gegen Ende unseres Versuchs, „Zeitzeichen" zu verstehen, bevor wir sie im Kontext kirchlicher Praxis nochmals zu identifizieren beginnen, dürften vor allem Preuß' Beobachtungen zur religiösen Ideengeschichte des modernen Sicherheits-Denkens aufschlußreich sein.
Preuß sieht einen Zusammenhang zwischen dem „Niedergang der Religion" und den „in den letzten zweihundert Jahren aufgebauten Sicherheiten durch Recht, Wissenschaft und Sozialpolitik" (ebd. 17),

wobei die moderne Wissenschaft „am ehesten als der legitime Erbe der religiösen Heilsgewißheit angesehen werden kann" (ebd.). Das neuzeitliche Bewußtsein, daß der Staat seinen Bürgern Sicherheit zu gewähren habe, versteht Preuß als Säkularisierung religiöser Heilsgewißheit (vgl. ebd. 11). Insofern aber menschliches Sicherheitsstreben eine immanente Tendenz zur Vollständigkeit entwickelt, erzeugt es eine Dialektik, die sich nochmals am entsprechenden fundamentalistischen Gebaren religiöser Systeme veranschaulichen läßt: „... gerade Handlungen und Handlungssysteme, die keinen Irrtum zulassen, sind [erg.: unter dem Aspekt der Dialektik des Sicherheitsbedürfnisses] besonders riskant: das Infallibitätsdogma der katholischen Kirche ist seit der Reformation bis auf den heutigen Tag eine der wesentlichen Quellen für Glaubenszweifel und innerkirchliche Beunruhigung" (ebd. 20f.).

Die Dialektik des Sicherheitsstrebens hat aber auch außerhalb der Kirche viele Gesichter – vom immer komplexeren Netz der verschiedensten Versicherungssysteme bis zum Sicherheitsstaat und zur „Staatssicherheit". G. Orwells Roman „1984" ist ja u. a. die Persiflage auf eine totale Kontrolle des Staatsapparates über die individuellen „Freiheiten", eine ehemalige Zukunfts-Horror-Vision, die sich in der Realität längst überholt hat. Daß parallel zur zunehmenden „Ver-Sicherung" unserer gesellschaftlichen Entwicklung ein ebenso lautloser wie universeller Prozeß zunehmender Unsicherheit verläuft, hat U. Beck in einer vorläufigen Bilanz aufgezeigt (vgl. Beck 1986, 48 ff.). Der abschließenden Feststellung, daß – neben allen anderen Faktoren – der „subjektive" Faktor, d.h. die Ängste des Individuums in allen ihren Facetten und Ausprägungen, eine zentrale Rolle spielen, bedarf es kaum noch: der (sozial-)psychologische Zusammenhang von Angst und Sicherheitsstreben ist längst zu einer Binsenweisheit geraten, deren näherer Veranschaulichung es nicht bedarf. Wohl könnte das Phänomen des neuzeitlichen Sicherheitswahns gleichsam als Knotenpunkt einer „Vernetzung" der hier versuchten vier „Schlaglichter" einer Pathologie der Moderne dienen: Die Zusammenhänge zwischen den Selbstzwang-Sozialisaten und menschlichem Sicherheitsbestreben liegen ebenso auf der Hand wie die zunehmende Atomisierung der Individuen eben jene Ängste verstärkt, die in immer mehr Sicherheit jene Schein-Lösung suchen, die Sicherheiten aller Art zu gewähren versprechen. Die Utopie einer solidarischeren

Gesellschaft – mag sie bislang immer wieder als hoffnungslos idealistisch blamiert worden sein – stellt die nicht eingelöste Hoffnung hinter der Dialektik des neuzeitlichen Sicherheitswahns dar.
Ob Kirche und Religion beim Aufbau einer solchen Gesellschaft (der „Zivilisation der Liebe" – jenseits von Individualismus und Kollektivismus –, wie es das CELAM-Dokument „Jugend, Kirche, Veränderung" als konkrete Utopie entwirft) mitzuwirken fähig sind, oder ob sie – in der Linie der Geschichte einer falschverstandenen individualistischen Heilssicherheit – selber einen Bestandteil des hier diagnostizierten Problems ausmachen, soll der anschließende Versuch, „Kirche" – in der modernen spätkapitalistischen Gesellschaft – „zu begreifen", weiter aufhellen.

1.5 Aporien volks-kirchlicher Praxis als „Mitgliedschafts-Pastoral"

Ein Versuch, die „Zeichen der Zeit" zu deuten, bliebe unvollständig, wenn er nicht auch die Analyse kirchlicher Praxis als Segment gesellschaftlicher Praxis einbeziehen würde. Wenn sich die Kirche im II. Vaticanum (vgl. GS 4) erneut die Selbstverpflichtung auferlegt hat, „nach den Zeichen der Zeit zu forschen und sie im Licht des Evangeliums zu deuten", so bedeutet dies ja nicht, daß sie sich damit in einem analysierenden „Gegenüber" zur Gesellschaft definiert: Sie ist vielmehr selbst ein Teil der Gesellschaft und in deren Praxis und Pathologien verwoben. Ob und in welchem Maße sie dabei ihrem Anspruch gerecht wird, „Salz der Erde", „Sauerteig", „Stadt auf dem Berg" zu sein, oder, mit der ekklesiologischen Grund-Option des II. Vaticanums, „Zeichen und Werkzeug ... für die Einheit der ganzen Menschheit" (vgl. LG 1; GS 43), muß im Rahmen einer Praktischen Theologie als empirischer Ekklesiologie jeweils konkret analysiert werden.

1.5.1 Von der „Verkirchlichung" zur „Civil Religion":
    Religion und Christentum am Ende des zweiten Jahrtausends

Das Verhältnis von Kirche und Gesellschaft in Europa wird von F. X. Kaufmann auf die Formel von der „Verkirchlichung des Christentums" (vgl. 1979, 100 ff.; 1988, 84 ff.) gebracht: Im Prozeß der gesellschaftlichen Differenzierung und Säkularisierung der modernen Gesellschaft verselbständigen sich einzelne Funktionsbereiche: „Die Produktion verselbständigt sich zum verkehrswirtschaftlichen System, politische Herrschaftsverhältnisse verselbständigen sich zum Verwaltungsstaat, Prozesse der Wissensbildung verselbständigen sich zu Wissenschaften, und ebenso verselbständigt sich der religiöse Bezug in die Institution der Kirche und die zwischenmenschliche Intimität in die Institution von Familie und Ehe" (1979, 100). Daß Religion in den hochentwickelten Gesellschaften auf eine Teilfunktion reduziert (Luhmann 1977), d.h. nicht mehr – im Sinne E. Durckheims – Garantin der „Ordnung des Ganzen" sei, gehört zu den Standard-Plausibilitäten der europäischen Religionssoziologie. Diese Analyse nicht unbedacht über den Geltungsbereich Westeuropas hinaus zu generalisieren, legt sich für unser Projekt einer „Sozialpastoral" aus mindestens zwei Gründen dringlich nahe:

1. Für die Situation in Nordamerika kann die von Robert Bellah (1967; zit. bei Döbert 1988) stammende Kennzeichnung der „Civil Religion" eine mindestens ebenso große Plausibilität beanspruchen. Für die USA, wo Kirche und Staat relativ strikt getrennt sind – im Gegensatz zur europäischen Situation des Religions-Monopols der beiden großen christlichen Konfessionen eine Vielzahl gleichberechtigter Kirchen und Sekten existiert –, läßt sich – nach Bellah – gleichwohl eine andere Funktion von Religion ausmachen, die den Kernbereich der politischen Kultur prägt: die Vorstellung der Staatsbürger vom Funktionieren und von der Legitimität der staatlichen Ordnung als letztlich gottgegeben und vor Gott zu verantworten (vgl. Döbert 1988, 68). Dem entspricht eine besondere Rolle des amerikanischen Volkes als einem – dem Volk Israel ähnlichen – auserwählten Volk, das mit Gott einen „Bund" geschlossen hat und dazu bestimmt ist, „eine neue Gesellschaftsordnung aufzubauen, die für alle Völker ein strahlendes Licht sein soll" (Bellah, 26; zit. bei ebd. 68).

Angesichts des Krieges am Persischen Golf, der von den USA zynisch im Namen dieses angemaßten Sendungsanspruchs geführt wurde, stellt das Phänomen der „Civil Religion" eine eminente Anfrage an die europäische Plausibilität der funktionalisierten, d.h. in den Großkirchen „verwalteten" christlichen Religion dar. Sie verschärft sich angesichts einer – der Tendenz zur Verkirchlichung ebenfalls

gegenläufigen — Tendenz zu Institutionalisierungen von der Art der Fernseh-Prediger-Konzerne und -gemeinden ebenso wie angesichts der Tatsache, daß u. a. im Auftrag des CIA seit geraumer Zeit fundamentalistische Sekten gegründet bzw. unterstützt werden, die gezielt im Kampf gegen die Theologie und Praxis der Befreiung in Mittel- und Lateinamerika „angesetzt" werden (vgl. z. B. Duchrow u. a. 1989; Spiegel 1990).
2. Gegenüber den neuerlich offenkundigen Möglichkeiten, mit der (Ware) Religion gezielt Firmengründungen (Fernsehprediger) und ideologische Kriegsführung (fundamentalistische Sekten in Latein- und Mittelamerika) zu betreiben, erscheint die europäische Form des „verkirchlichten Christentums" bereits als dessen „gestrige", „vorletzte" Institutionalisierung. Diese in ihrer kontingenten Gestalt und Funktionsweise als „Volkskirche" zu verstehen (vgl. Kaufmann 1979), kann um so präziser gelingen, je schärfer ihre Kontingenz nicht nur im Blick auf die eigene Tradition bestimmt wird, sondern auch im Kontext der skizzierten jüngsten Entwicklungen der Funktionalisierung von Religion, die ja nur eine konsequente Zuspitzung der Möglichkeit darstellen, Religion ausschließlich aus ihrer gesellschaftlichen Funktion zu begreifen.

1.5.2 Christlich-kirchliche Praxis: Ghettobildung — Anpassung oder „produktive Antitradition"? (Peukert)

Versucht man, die gegenwärtig beobachtbaren Reaktionsmuster der Kirchen auf die Modernisierung bzw. die diskutierten Optionen/ Konzepte der einschlägigen theologisch-wissenschaftlichen Diskussionen auf drei Idealtypen zu bringen, so ließe sich das folgende Schema als Raster einer Analyse denken:

Typ A: Fundamentalistisch-regressives Reaktionsmuster.
Hierzu zählen z. B.:
— Strategien der Ghettobildung und Stabilisierung konfessionell-homogener Milieus (i. S. von Kaufmanns Option A) (vgl. 1979, 76ff.).
— Die Versuche des Vatikans, theologischen und Praxis-Pluralismus mit zentralistischen, disziplinarischen bzw. personalpolitischen Strategien zu unterbinden.
— Versuche, der Vielfalt der Sinnangebote mit Strategien fundamentalistischer Reduktion der Glaubens-„Wahrheit" zu begegnen.

— *Typ B:* Anpassung an gesellschaftliche Plausibilitäten.
Hierzu zählen:
– „Konformierung an die gesellschaftlichen Erwartungen" i. S. von Kaufmanns Option B (vgl. ebd. 78 f.) („Darstellung von Moral", „Dienstleistungs-Kirche", u. a. Diakonie).
– Anpassung an die Plausibilitäten der Arbeitsteilung (z. B. Verkündigung/religiöse Kommunikation – Diakonie) (vgl. Luhmann 1977) sowie des Angebot-Nachfrage-Dogmas.
— *Typ C:* Christliche Praxis als prophetische Kritik der Herrschenden und als soziales Substrat „produktiver Antitraditionen".[19] (Dieser Typus existiert in Europa und speziell in Deutschland nur in Ansätzen.)
Hierzu zählen:
– Parteinahme für die Armen, die Anderen (Asylanten, Fremde, Randgruppen etc.).
– Unterstützung und Zusammenarbeit mit Protest- und Basisbewegungen, sofern sie gegen subjektbedrohende gesellschaftliche Zustände kämpfen („Rheinhausen", Frauen-, Friedensbewegung).
– Aktive und parteiliche Förderung von Entschuldungsprogrammen (vgl. Schweizer Modell) der Dritte-Welt-Länder.
– (Politisch-progressive) Solidaritäts-, Dritte-Welt-Basisarbeit.
Klassifiziert man nun – etwa entlang unseren vier Schlaglichtern auf gegenwärtige gesellschaftliche Tendenzen und Pathologien – typische kirchliche Praxismuster mit Hilfe dieser Typologie, so zeigt sich eine deutliche Häufung beim Typ B. Dies sei wiederum mit – eher schlaglichtartigen – Beispielen aufgezeigt.

1.5.2.1 Parallel zu den Prozessen der *Individualisierung* – und diese quasi verdoppelnd – entwickelt sich in den hiesigen Kirchen eine Kasualien-Praxis, die nicht nur sichtlich vom Angebot-Nachfrage-Dogma geprägt scheint, sondern eine deutliche Privatisierung von ehemals (und theologisch wesenhaft!) gemeindlichen Symbolhandlungen darstellt (vgl. Steinkamp 1988B, 85 f.).[20] Selbst die Option eines so bedeutsamen Kirchensoziologen wie F. X. Kaufmann läuft auf eine kirchliche Praxis hinaus, die sich auf die Befriedigung der „höheren Bedürfnisse" (z. B. ‚Selbstverwirklichung') des modernen Individuums spezialisiert: „Wenn die Kirchen die daraus sich ergebenden Chancen (i. e. einer diesbezüglich vorhandenen gesellschaftlichen ‚Marktlücke'; H. St.) wahrnehmen wollen, werden sie allerdings die Individualität der Kirchenangehörigen in einem Ausmaß respektieren müssen, die dem traditionellen Kirchenverständnis ebenso fremd ist wie modernen Organisationen" (1979, 81). Als wäre das die Alternative! Die Frage ist doch vielmehr, ob Identitätsbildung im sozialluftleeren Raum, also ohne das jeweilige Pendant einer kollektiven Identität, möglich ist, ohne rekonstruierte Lebenswelten und entsprechende kommunikative Praxis!

1.5.2.2 In gleicher Weise stellt sich die Frage, ob nicht die unreflektierte Aneignung des Angebot-Nachfrage-Schemas in der kirchlichen Praxis eher dem Typus der System-Integration denn der Sozialintegration (vgl. Kaufmann 1979, 158, 161, 177, 182) Vorschub leistet. Die Aktivitäten, Bildungs- und Freizeitangebote, selbst die ‚angebotenen' Gruppen- und Sozialformen und oft sogar die Gottesdienste werden nach diesem Schema organisiert: ohne die notwendigen Aushandlungs-, Motivations-, Klärungs- und Bewußtseinsbildungsprozesse. Insofern kann man überspitzt sagen, daß kirchliche Praxis nicht nur keine Widerstandspotentiale gegen die *Kolonialisierung der Lebenswelt* mobilisiert, sondern diese bewußtlos selbst praktiziert. Dabei lautet die geheime Tagesordnung zumeist: „Hauptsache, viele machen mit"; „Hauptsache, es läuft etwas." Kirchliche Praxis vermag der wachsenden Tendenz zum „Cocktailglauben" (Kaufmann 1988, 77), der ja geradezu ein klassisches Produkt eben jener Kolonialisierung, jenes „Überangebots an Sinn" darstellt, deshalb nicht produktiv zu unterbrechen, weil sie – in Torschlußpanik angesichts sinkender Mitglieder- und Teilnehmerzahlen und angesichts eines sich drastisch verschärfenden Traditionsbruchs bei der heranwachsenden Generation – längst auf die fides-qua-Seite konzentriert, die fides-quae-Problematik entweder ‚vorläufig' suspendiert hat bzw. dieses die Sorge von Kirchenleitungen sein läßt bzw. für entsprechende Initiativen von Fundamentalisten freigibt.

1.5.2.3 Kirchliche Praxis hat sich weitgehend bewußtlos den neuzeitlichen Plausibilitäten der *Arbeitsteilung und des Arbeits-Freizeit-Schemas* angepaßt, mit immer verheerenderen Folgen. Die markanteste und folgenschwerste ‚Arbeitsteilung', zwischen Gottesdienst-/Verkündigungs-Gemeinde hier und institutioneller Caritas/Diakonie dort, läßt sich zwar bis in die frühe Kirche zurückverfolgen (vgl. Apg 6, 1 – 7) (womöglich hat sie sogar eine Vorgeschichte in der alttestamentlichen Prophetie und ihrer kritischen Distanz zum Kultsystem), ihre institutionelle Verfestigung seit dem 19. Jahrhundert, der Grün-

dung der beiden großen Institutionen des Deutschen Caritasverbandes und der Inneren Mission (heute: Diakonisches Werk der EKD) ist nicht denkbar ohne die neuzeitliche Hyper-Plausibilität der ‚Arbeitsteilung' (vgl. Steinkamp 1985A, 43 – 54; 1988B).
Wenn Kaufmann in einer neueren Veröffentlichung (1988, 85) mit Blick auf die Arbeitsteilung zwischen Kirche und Familie in bezug auf die religiöse Sozialisation feststellt, dies sei „... ein für die Weitergabe des Glaubens sehr problematischer Zustand", so gilt dies m. E. erst recht für die Arbeitsteilung zwischen Gemeinde und Diakonie. Dabei geht es nicht darum, die Notwendigkeit professionalisierter und institutionalisierter Diakonie zu bestreiten, sondern auf die ‚Enteignung' der gemeindlichen Diakonie als volkskirchliches Grunddilemma mit verheerenden Folgeproblemen aufmerksam zu machen.
Die institutionelle Abspaltung der Diakoniefunktion von den beiden anderen Grundfunktionen der Gemeinde (Liturgie und Verkündigung) wird von N. Luhmann, dem wichtigsten Repräsentanten der soziologischen Systemtheorie, konsequent funktionalistisch begründet: Die „eigentliche" Funktion von Religion, den „funktionalen Primat des Religionssystems", sieht er im „religiösen Kernbereich" der Kirchen (= Gemeinde als „geistliche Kommunikation") realisiert (vgl. Luhmann 1977, 56f.). Diakonie dagegen wird als „Dienstleistung" des Religions-Subsystems für andere gesellschaftliche Teilsysteme bestimmt, und zwar nicht nur im Sinne funktionaler Differenzierung zweier gleich-rangiger Funktionen, sondern – und hier affirmiert Luhmann m. E. unkritisch, wenngleich sie exakt abbildend – die Realität der historisch gewordenen „Zweitrangigkeit" der Diakonie in der abendländischen Kirche – als „sekundäre Funktion" (ebd. 241; vgl. Steinkamp 1985A, 21), die notfalls „auch nicht-religiös erfüllt werden" (Luhmann 1977, 120) könnte: die „abgespaltene" Diakonie verliert langfristig ihre christliche Wurzel und Motivationsbasis und muß um so mehr ihre („christliche") Identität ideologisch behaupten (vgl. Zerfaß 1988). (Übrigens ein anschauliches Beispiel für die Dialektik gesellschaftlicher Differenzierung: Die „Arbeitsteilung" zwischen Diakonie und Verkündigung ist nicht nur *Folge* der neuzeitlichen Plausibilität, wird aber von dieser erneut und nachhaltig legitimiert!)
Die für die gegenwärtige kirchliche Praxis fatalen Folgen der („arbeitsteiligen") „Zweitstruktur"-Diakonie zeigt sich in einer der jüng-

sten empirischen Untersuchungen zur Kirchenmitgliedschaft bzw. zur Motivation, diese aufrechtzuerhalten (vgl. Hanselmann u.a. 1984). Die Mehrheit der befragten Zwanzig- bis Fünfzigjährigen ist sich darin sicher, daß die Kirche vor allem da ist für die, die sie in irgendeiner Weise als Hilfe und Stütze ‚brauchen'. Sie soll dasein für die, „die dem Ideal des berufstätigen Erwachsenen nicht mehr oder noch nicht entsprechen" (ebd. 44). Was macht diese Aussage, die man ja auf den ersten Blick fast als eine diakonische Option lesen könnte, so brisant? Bei näherem Hinschauen läßt sich dahinter eine subtile „Mäzenen"-Mentalität entdecken, die die eigene Unbetroffenheit (vom Evangelium, von der Umkehr-Botschaft, von Kirche und Gemeinde) in eine scheinbar großmütige Bewußtseinsform umdeutet: Zwar brauche ich Kirche nicht für mich, aber ich finanziere das (diakonische) „Unternehmen" (dadurch, daß ich nicht austrete, sondern weiterhin Kirchensteuern zahle): Wer weiß, ob ich es nicht eines Tages auch für mich wieder in Anspruch nehme (im Alter, als Erziehungsagentur meiner Kinder ...)?

Mit der Arbeitsteilung Verkündigung/Liturgie – Diakonie hängt eine andere – mindestens indirekt – zusammen: die zwischen Alltag und Sonntag, Arbeitswelt und Freizeit. „Bürgerliche" Religion „ereignet" sich, im Bewußtsein der meisten Kirchenmitglieder, sonntags, beim Gottesdienst, das Evangelium ist längst ein „Sonntagsevangelium" geworden, lautlos, ohne daß uns noch die (Ortho-)Paradoxie daran auffällt oder gar stört. Dem widerspricht nicht, daß religiöse Tradition, Brauchtum u.ä. im Alltag immer noch eine Rolle spielen (vgl. neuerlich Heller u.a. 1990), freilich seit den 60er Jahren ebenfalls mit spürbar abnehmender Tendenz (vgl. Heller, in: ebd. 288ff.). Religion/Kirche finden in der Freizeit statt: denn die Diakonie, die uns daran erinnern könnte, daß Not und Leid sich nicht an den Rhythmus von Sonntag und Alltag, Arbeitszeit und Freizeit hält, ist längst zur „Arbeit" von (ausschließlich) Caritas-Profis geworden.

1.5.2.4 Eine weitere Konsequenz der funktionalen Ausdifferenzierung des Religionssystems besteht in der modernen Funktionszuschreibung der „Kontingenzbewältigung": Kirche ist zuständig für die von Wissenschaft und Technik („noch") nicht lösbaren „Restprobleme" menschlichen Lebens, für die Sinn-Deutung und Tröstung angesichts von Leid und Tod. Der – dem Schlaglicht auf den neuzeitlichen Sicherheitsmythos entsprechende – Begriff vom „Auffangen des Restrisikos" mag – wie es F. X. Kaufmann versucht – sogar da und dort noch eine sinnvolle Bedeutung haben, wenn am 8. Mai 1985 nach den Kirchen gerufen wird, um ein Symbol zu finden für eine sensible Erinnerung (vgl. Kaufmann 1988, 86), oder wenn Kirchenmänner und -frauen in Umbruchsituationen „runde Tische" moderieren, Ministerämter wahrnehmen u. ä. Dem alltäglich-landläufigen Bewußtsein bedeutet indessen „Auffangen des Restrisikos" eben doch etwas anderes: die „letzte Versicherung", eine Art Meta-Versicherung gegen den Hyper-Ernstfall, „man kann ja nie wissen..."

1.5.3 Verkirchlichung und „Mitgliedschafts-Pastoral"

Vor dem Hintergrund der vorangestellten Skizze läßt sich die eingangs – als Gegensatz zur „Sozialpastoral" – als „Mitgliedschafts"-Pastoral apostrophierte Praxis der hiesigen Kirche schärfer analysieren. Der Stellenwert der Mitgliedschaftsfrage in der gegenwärtigen kirchlichen Praxis läßt sich u. a. an dem großen Aufwand entsprechender kirchensoziologischer Untersuchungen der letzten 20 Jahre in der Bundesrepublik ablesen (vgl. Schmidtchen, Forster, Hanselmann, Hild ...) deren erkenntnisleitendes Interesse unzweideutig auf Bedingungen bzw. die Krise der Kirchenmitgliedschaft, einschließlich der Beweggründe für Kirchenaustritte, zielt. Im Gefolge dieser Befragungen und ihrer zum Teil alarmierenden Ergebnisse lassen sich ebenso auffällige Reihen „offiziöser Studien" (Bäumler/Mette 1987, 12) ausmachen, die erhöhte Anstrengungen der Kirchenleitung widerspiegeln, dem Mitgliederschwund mit „missionarischem Gemeindeaufbau" u. ä. zu begegnen. Anfang der 80er Jahre wächst die zugehörige programmatische Literatur in der Praktischen Theologie sprunghaft an (vgl. Bäumler/Mette 1987, 11 ff.). Die Fixierung auf die Mitgliedschaftsproblematik kann mindestens teilweise aus der Verkirchlichungstheorie erklärt werden: Verkirchlichung bedeutet u. a. die formale Organisation der Kirche und darin (neben der Ausstattung mit hauptamtlichem Personal, der Entwicklung bürokratischer Verwaltungsapparate u. ä.) eben der zahlenmäßigen Erfassung, Verwaltung (Steuern!) und Pflege des Mitgliederbestandes. Insofern stellt die Aufmerksamkeit auf die Mitgliedschaft zunächst eine normale, zwangsläufige Folge des Prozesses der Verkirchlichung dar, zumal in einem demokratischen Gemeinwesen, in dem „Mehrheiten", Mitgliederbestände, personelle Quantität überhaupt einen evidenten Wert dar-

stellen. Insofern erscheint es auch einerseits als durchaus folgerichtig, wenn F. X. Kaufmann „die Gewinnung neuer Mitglieder aus der jeweils nachwachsenden Generation und die Vermittlung ausreichender Motive der Aneignung christlicher Inhalte sowie die Teilnahme an den sozialen Formen des Christentums" (1979, 135) für eine (von drei) unverzichtbare Leistung für die Tradierung des Christentums hält. Andererseits bleibt „Mitgliedschaft" für institutionalisierte Religion (Kirche) soziologisch problematisch (vgl. Luhmann 1977, 56).
Die Relevanz der „großen Zahl" erhöht sich dann jedoch in dem Maße bzw. gerät in die Gefahrenzone der Problem-Fixierung, wie große Organisationen zur Finanzierung ihres Bestandes auf Mitgliederbeiträge bzw. Kirchensteuern angewiesen sind und damit in eine finanzielle Abhängigkeit von ihren „zahlenden Mitgliedern" geraten. Die Vor- und Nachteile des weltweit einzigartigen westdeutschen Kirchensteuersystems seien in diesem Zusammenhang nur noch einmal als ein Extremfall und Beispiel für die Aporien genannt, in die eine Nationalkirche durch extreme Abhängigkeit von ihren „Mitgliedern" und dem steuereintreibenden Staat geraten kann.
Das diesbezügliche Dilemma spitzt sich in jüngster Zeit u. a. durch das Wachstum islamischer Minderheiten in unserem Land und die daraus resultierende Frage zu, wie lange die beiden großen christlichen Kirchen ihre grundgesetzlich verankerten Privilegien noch plausibel erhalten können und wo dann die Grenze zwischen islamischen Mitbürgern und -bürgerinnen und solchen zu ziehen ist, die sich z. B. der Mun-Sekte, der Scientology Church, der Bhagwan- oder New-Age-Bewegung zugehörig erklären (vgl. Kaufmann 1988, 77).
Angesichts der doppelten Legitimationskrise durch sinkende Mitgliederzahlen (im Binnenbereich: Wegfall von Kirchensteuer; nach außen: bedrohtes Monopol als Körperschaft öffentlichen Rechts) verwundert die Fixierung des Mitgliedschaftsproblems zwar nicht, zeitigt aber nichtsdestoweniger Folgen, die sich zu handfesten Aporien bzw. Teufelskreisen entwickelt haben.

1.5.3.1 „Aktivierung"

Als augenfälligste Praxisfigur, die aus der Fixierung des Mitgliedschaftsproblems resultiert, läßt sich eine meist bewußtlose „Aktivierungs"-Tätigkeit wahrnehmen. Was nach dem II. Vaticanum und im Prozeß der Würzburger Synode noch eine theologisch begründete Programmatik war („Von der versorgten zur aktiven Gemeinde"), stellt sich inzwischen, zumal unter dem Aspekt der Fixierung des Mitgliedschaftsproblems, als höchst fragwürdige Bewußtseins- und Praxisform dar: „Aktivierung", Vorweisen von Teilnehmerzahlen wird zum Selbstzweck. Nachdem die einseitige Orientierung an der Besucherzahl des Sonntagsgottesdienstes (die insgeheim ja immer in Relation zu der Gesamt-„Seelenzahl" gesetzt wird) auch als kirchensoziologisches Hauptkriterium relativiert worden ist, verlagert sie sich heimlich auf die Zahl derer, die sich, wie auch immer, „aktivieren" lassen: zu Vorträgen, Vereinsleben, Pfarrfesten, Caritasmitgliedschaft, Krankenbesuchsdiensten usw. Ihre „konsequenteste" Programmatik hat diese Aktivierungs-Plausibilität im bereits erwähnten „missionarischen Gemeindeaufbau" gefunden (s. o.). Deren Ziel ist eine vereinsförmige Organisation der Ortsgemeinde mit einem möglichst differenzierten, breiten Angebot an Mitarbeiter-, Mitglieder- und Teilnehmerrollen, orientiert am Modell der „Konzentrischen Kreise" und dessen „Hauptrollen" „Aktivierer" und „Aktivierbare"/„Aktivierte" ... (Ähnliche Vorstellungen und Handlungsmuster finden sich natürlich auch – ohne jene Programmatik – in katholischen Pfarreien). Dem Beobachter dieser Praxis drängt sich der Verdacht auf, mit dieser oft hektischen, bewußtlosen „Aktivierungs"-Kampagne werde eine tiefsitzende depressive Ahnung von der zunehmenden Bedeutungslosigkeit von Religion und Kirche in unserer Gesellschaft „agiert" (vgl. Steinkamp 1988B).

1.5.3.2 Konfliktscheu
Eine weitere, aus den Zwängen der Mitgliedschaftsorientierung resultierende Konsequenz besteht in einer ähnlich zwanghaften Konfliktvermeidung. Der Versuch, sie seitens des Amtes als binnenkirchliche Pluralität zu tarnen, scheitert meist dann, wenn der Bestand des brüchigen volkskirchlichen Konsenses angetastet wird. Die Angst vor Konfliktaustragung besteht, zumal bei den Amtsinhabern, darin, es mit einer der streitenden Parteien zu verderben und diese dann womöglich durch Kirchenaustritt zu verlieren. Diesbezügliche Drohungen erweisen sich denn auch als effektive Mittel, Kirchenleitungen unter Druck zu setzen.
Daß gleichzeitig die innerkirchlichen Spannungen spürbar zunehmen, und zwar nicht nur zwischen Kirchenleitung und Kirchenvolk, sondern mindestens ebenso eindeutig zwischen Progressiven und

Konservativen in ihrer Mitgliedschaft, politisch-diakonisch motivierten Christen und „Kerngemeindlichen" (vgl. die diesbezügliche Erklärung der durch die „Zweitstruktur"-Praxis notwendig entstehenden wechselseitigen Verstärkung beider Mentalitäten!) – das alles bedingt einen Teufelskreis, zu dem sich die verschiedenen Aporien volkskirchlicher Praxis zu verdichten scheinen.

Als Fazit unserer Analyse hiesiger kirchlicher Praxis läßt sich zunächst ganz allgemein festhalten, daß diese in den gesellschaftlichen Plausibilitäten, Widersprüchen und Pathologien eher befangen ist als sie zu durchschauen und kritisch-konstruktiv zu kontrastieren. (Das ‚Salz der Erde' ist schal geworden; die Christen haben sich ‚dieser Welt gleichförmig' gemacht.) Gemeinsam am Maßstab „guter Praxis" und am christlichen Maßstab gemeindlicher-solidarischer Orthopraxie läßt sie sich differenzierter charakterisieren als defizitär im Blick auf

– ihre „soziale" Qualität (sensu Castoriadis/Arnason). Wenn „gute" Praxis daran zu messen ist, ob und in welchem Maße sie „intersubjektiv" gestaltet und verantwortet wird, dann muß Prozessen der „Gemeindebildung" (i. S. von kirchlicher „Vergesellschaftung von unten") und der Solidarisierung ein Vorrang vor individueller religiöser Praxis (z. B. Kasualien) eingeräumt werden. Wo die Wertung – wie in der gegenwärtigen Parochialpraxis – genau umgekehrt erfolgt, wird man diese als „defizitär" bezeichnen müssen.

– Die völlige Nicht-wahrnehmung des „Unbewußten" dieser Praxis. Das diesbezügliche Wahrnehmungsdefizit in der kirchlichen Praxis kann als noch gravierender gelten als das zuvor genannte. Unbewußten Erlebens- und Verhaltensanteilen werden weder bei den Individuen (z. B. narzißtisch-symbiotische Bedürfnisse) noch in den Interaktionsmodi (z. B. Angebot-Nachfrage-Schema) genügend Beachtung geschenkt, geschweige denn, daß pastorale Konzepte ihnen Rechnung tragen würden.

– Ihre Perspektivlosigkeit, was die Dialektik von Arbeits- und Freizeitsektor moderner Gesellschaften betrifft: Im Bewußtsein der volkskirchlichen Praxis spielt sich diese am Sonntag bzw. in der Freizeit ab. Dabei gerät nicht nur die Arbeitswelt (mit ihren immer größeren Streßfaktoren und pathogenen Einflüssen auf die Arbeitenden) aus dem Blick gemeindlicher Reflexion, sondern Arbeit als elementarer „Ort" von Vergesellschaftung. Indem Kirche auch in diesem Punkt Prozesse der Abspaltung bewußtlos mitvollzieht, vergibt sie wichtige Chancen produktiven Widerstands.

TEIL II „URTEILEN"

1. Erkenntnisleitende Interessen, Optionen und Maximen der Sozialpastoral

Die Identifikation bewußter und unbewußter Maximen, die, wie wir gezeigt haben, gesellschaftliche und kirchliche Praxis steuern, ihre Bewußtmachung und ggf. Kritik, machen eine der wichtigsten Funktionen praktisch-theologischer Analyse aus. Die Explikation und theologisch-wissenschaftliche Begründung der „Maßstäbe" solcher Kritik wiederum stellt den zweiten methodischen Schritt („Urteilen") jeglicher praktisch-theologischen Operation dar, und zwar sowohl im Duktus (z. B.) einer Theorie-Skizze wie der hier versuchten Begründung des neuen Paradigmas der Sozialpastoral wie im Detail jedweder „pastoralen" Handlungssequenz, die methodisch reflektiert vollzogen wird.

Insofern die Funktion der Praktischen Theologie prinzipiell als „Kritik" und "Konstruktion" (vgl. Lämmermann 1981, 132; Mette 1978, 99) christlich-kirchlicher Praxis bestimmt ist, bedarf es im Hinblick auf beide eben jener Explikation und Vergewisserung der Maßstäbe „guter Praxis", der die Praxis bestimmenden Optionen, regulativen Normen und der von ihnen abgeleiteten Maximen kirchlicher Praxis (vgl. dazu unten: 1.2 „Operationalisierungen").

1.0 Zu Funktion und Stellenwert von Optionen in der Praktischen Theologie

Phänomen und Begriff der *Option* spielen in der neueren Diskussion der Praktischen Theologie eine wichtige Rolle. Das hängt u. a. mit dem wissenschaftstheoretischen Wandel des Selbstverständnisses dieser theologischen Teildisziplin zusammen, die sich lange Zeit als „Anwendungswissenschaft" der biblischen und systematischen Theologie verstand. Als Konsequenz ihres derzeitigen Selbstverständnisses als (u. a.) empirische Ekklesiologie sieht sie sich zu einer neuen Arbeitsteilung und Kooperation genötigt, und zwar an zwei verschiedenen

Fronten: mit der systematischen und biblischen Theologie einerseits sowie mit den Human- und empirischen Sozialwissenschaften andererseits (vgl. z. B. Mette/Steinkamp 1983).
Diese Kooperation wird nun sowohl durch Optionen gesteuert (vgl. das Paradigma der „konvergierenden Optionen", Steinkamp 1983 B, 170 ff.) wie diese ihrerseits „Produkte" eben solcher Kooperationen darstellen. Insofern möchte ich − anders als H. Heidenreich (1988, 32f.) − drei Funktionen unterscheiden, die Optionen erfüllen. Nach H. Heidenreich leistet eine Option zweierlei: „Sie gibt eine Handlungsperspektive und -richtung an (a) und begrenzt die Vielzahl möglicher Handlungen auf die not-wendige, d. h. auf die Not wendende (b)" (ebd. 32). Demgegenüber unterscheide ich eine erkenntnisleitende, eine existentielle (d. h. aus einem Glaubensakt entspringende) sowie eine handlungsleitende Funktion bzw. Dimension von Optionen.
1.0.1 Optionen erfüllen (zumal in der Methodologie der Praktischen Theologie) die Funktion eines *„erkenntnisleitenden Interesses"* (Habermas 1968). In diesem Sinne stellen Optionen „Vorentscheidungen" verschiedenster Art dar, bewußte oder unbewußte, explizite oder implizite. Als bewußte und explizite sind sie die Konsequenz der zweiten Funktion:
1.0.2 Optionen als *existentielle (Glaubens-)Entscheidungen*. Diese Funktion entspricht in etwa dem, was H. Heidenreich die „Not-wendende" nennt: aus der Vielzahl möglicher Handlungsalternativen wählt ein Individuum, eine Gruppe bzw. die Kirche aufgrund einer „Option" die not-wendige aus (vgl. Heidenreich 1988, 32). So sehr ich Heidenreich zustimme, was die Ausrichtung christlicher Orthopraxie an der „Not" betrifft, so wichtig ist mir in diesem Zusammenhang die theologische Qualität der Option als Akt des Glaubens; gerade im Blick auf die für Sozialpastoral fundamentale „Option für die Armen" muß aus theologischen Gründen der Primat der Glaubensentscheidung vor der ethischen betont werden (s. u.).
1.0.3 Auch wenn natürlich Forschung als „Praxis" verstanden werden kann und in diesem Sinne erkenntnisleitende und handlungsleitende Funktionen keine Gegensätze darstellen, scheint mir die Unterscheidung der *handlungsleitenden Funktion von Optionen* deshalb wichtig, um ihren spezifischen Stellenwert für die Bestimmung „guter Praxis" zu markieren (Orthopraxie als solidarische, die Autonomie des Subjekts fördernde, transformative ... Praxis; vgl. oben 1.3). In

diesem Sinne erfüllen Optionen in der Praktischen Theologie die Funktion von regulativen Normen „orthopraktischer" Orientierung und Vergewisserung, die – auf einem relativ hohen Abstraktionsniveau formuliert – der jeweiligen Operationalisierung bedürfen bzw. im Falle normativer Konflikte als Basisregeln dienen, auf die die beteiligten Subjekte rekurrieren können.

1.1 Die „Option für die Armen" und die Option „Kirche für andere" als Grundoptionen der Sozialpastoral

Die „Option für die Armen" und die Option für eine diakonische Kirche „für andere" stellen gleichsam den „normativen Kern" der Sozialpastoral dar, und zwar sowohl in historischer wie in systematischer Perspektive. In beiden Perspektiven läßt sich darüber hinaus eine dialektische Beziehung zwischen beiden Optionen beschreiben. Was die „Option für die Armen" betrifft, so dürfte der historische Zusammenhang mit der Pastoralkonstitution „Gaudium et spes" des II. Vaticanums unstrittig sein. Die beiden Konferenzen des lateinamerikanischen Episkopats in Medellín (1968) und Puebla (1979) verstanden ihre Aufgabe ausdrücklich als regionale Umsetzung des II. Vatikanischen Konzils für den Subkontinent (vgl. dazu Steinkamp 1991 A).

Indem die lateinamerikanische Kirche mit ihrer Option für die Armen einen epochalen Klassenwechsel vollzog und (zumindest in Teilen) zu einer radikal diakonischen Kirche wurde, löste sie in der römischen Weltkirche (und auch in anderen christlichen Kirchen) eine doppelte Resonanz aus: einerseits spontane Zustimmung, einer Art orthopraktischer Intuition des Gottesvolkes entspringend, die jene Praxis als „richtig", als „Orthopraxie", identifizierte und in breiten (europäischen) Kreisen, zumal unter Jugendlichen, neue Hoffnungen auf eine glaubwürdige Kirche weckte. Andererseits entzündeten sich an dieser Kirche der Armen vehemente ideologische Konflikte, zumal zwischen Rom und der Theologie der Befreiung, deren Repräsentanten nach bekanntem römischen Muster „pars pro toto" gemaßregelt wurden: Gemeint war die Kirche der Armen als solche.

Der historischen Dialektik zwischen der „Option für die Armen" und einer diakonischen „Kirche für andere" entspricht eine ekklesiologische: Die „Option für die Armen" präzisiert und materialisiert die Bonhoeffersche (und von Ernst Lange, 1988, hierzulande für die Praktische Theologie reformulierte) Maxime „Kirche für andere" (vgl. dazu die Kontroverse Hartmann/Steinkamp 1991). Wo „Kirche für andere" nicht mehr innerhalb der alten pastoraltheologischen Kontroverse um „Volkskirche vs. Gemeindekirche" verortet, sondern eben genau im Sinne einer „diakonischen Kirche" verstanden wird, präzisiert die Formel ihrerseits die „Option für die Armen", indem sie deren eigentliches Subjekt benennt: die Kirche.[21]

O. Fuchs bringt, D. Bonhoeffers berühmten Satz „Die Kirche ist nur Kirche, wenn sie für andere da ist" kommentierend, den für das neue Paradigma der Sozialpastoral entscheidenden Zusammenhang auf den Punkt: „Bonhoeffers Aussage klingt resolut und provokativ, insbesondere, wenn man ihre Negation mitdenkt: die Kirche ist gar keine Kirche, wenn sie nicht für andere da ist, wenn sie also, so wäre zu ergänzen, nur für sich da ist, als nur nach innen kultivierte Gemeinschaft der Gläubigen mit entsprechenden weltanschaulichen Vergewisserungen und institutionellen Strukturen, welche ihrerseits die Identität der kirchlichen Sozialform organisieren" (Fuchs 1988, 281): die „Mitgliedschaftskirche" als exaktes Gegenteil, als Zerrbild von Kirche, wenn denn diese durch ihre Dienstfunktion theologisch definiert ist!

„Option für die Armen" und „Kirche für andere" können dann beinahe als Synonyme gelten, zumal wenn man die andere Synonym-Setzung mitbedenkt, die C. Boff und G. Pixley vornehmen: „Wir können auch sagen, daß die Option für die Armen ein neuer Name, eine moderne Bezeichnung für die altbekannte Caritas, die tätige Nächstenliebe ist", wobei sie freilich gleich hinzufügen, daß „diese neue Form", der Agape, „die man heute als ‚Option für die Armen' bezeichnet ..., in der gesellschaftlichen Dimension der Caritas besteht oder im politischen Charakter der evangelischen Liebe" (Boff/Pixley 1987, 133).

„Option für die Armen" – „Politische Diakonie" – „Kirche für andere": die systematische Entfaltung der theologischen Interdependenzen zwischen den drei – mehr oder minder synonymen – Formeln kann an dieser Stelle, wie gesagt, nicht geleistet werden (vgl. zur befreiungstheologisch-systematischen bzw. sozialanalytischen Begründung vor allem Hinkelammert 1989 sowie Klinger 1990).

Wenn wir mit Blick auf die „Transfer"-Problematik nicht der Gefahr erliegen wollen, die Frage der Optionen wiederum nur mit dem sehnsüchtig-idealisierenden Blick nach Lateinamerika zu behandeln, so erscheinen mir zwei Konkretisierungen für unseren europäischen bzw. deutschen Kontext unabdingbar: die Frage nach dem Zusammenhang von „Option für die Armen" und „Bekehrung in der Metropole" (Frostin 1988) sowie nach der notwendigen Operationalisierung der Formel von der „Kirche für andere" für die hiesige kirchliche Praxis. Letztere scheint mir in H. E. Richters berühmter Bestimmung des „Lernziel Solidarität" (1972) zu bestehen: Solidarität mit den Armen (und den anderen) als Formel, als Glaubensformel gar zu deklamieren ist eines – ein anderes ist zu begreifen, daß die Christen nach der europäischen Kirchengeschichte und angesichts der hiesigen Pathologien der Moderne gerade in Sachen Solidarität als Lernbehinderte, als Legastheniker zu gelten haben, deren Bekehrung einhergehen muß mit einer Alphabetisierung in bezug auf das „Lernziel Solidarität".

1.2 Operationalisierungen

Die Option für die Armen und die aus ihr abgeleiteten Maximen einer Sozialpastoral „in der Metropole" (und damit das „Lernziel Solidarität") lassen sich in „Konkretisierungen mittlerer Reichweite" übersetzen („operationalisieren"). Solche Operationalisierungen können in den alltäglichen („pastoralen") Entscheidungen als Orientierungshilfen dienen. Sie werden bewußt als Gegensatzpaare formuliert, um zwei wichtige Funktionen anzudeuten bzw. Mißverständnisse zu vermeiden:
– Sie beschreiben einen Weg, ein Kontinuum von einer (defizitären) Praxisform zu einer anderen (innovativen, transformativen). Insofern beide Pole des Kontinuums Extreme bezeichnen, wird damit gleichzeitig gesagt, daß es in der konkreten Praxis nicht um „Entweder-Oder", sondern um „Mehr oder Weniger" geht, d. h. Lernziele prinzipiell als Lernprozesse beschrieben werden: „der Weg ist das Ziel".
– Damit wird der Tatsache Rechnung getragen, daß „Praxis" (im Sinne von Castoriadis) als „permanente Schöpfung, das heißt als

Poiesis, in einem radikalen und ontologischen Sinn begriffen werden" (Arnason 1988, 285) muß, als „Spannungsverhältnis ... zwischen der instituierenden und instituierten Ebene (der Gesellschaft)" (ebd.) und der Kirche.[22]
— Diese Auffassung von Praxis und ihrer permanenten Transformation entspricht der theologischen Bestimmung des Verhältnisses von Kirche und Reich Gottes als „Volk Gottes unterwegs", als „schon und noch-nicht", als menschlicher Kampf um „seine" Gerechtigkeit, die sich der Zusage bewußt ist, daß dieser Kampf nicht aus eigener Kraft das Reich Gottes schaffen kann, daß es nur von Gott zur Vollendung gebracht wird.
Dieser theologische „Vorbehalt" muß nicht im Widerspruch zu Castoriadis' Unterscheidung von „Entwurf" und „Zweck" stehen: Der Reich-Gottes-Gedanke stellt vielmehr eine Form utopischer Energie dar, die gerade darin wirksam ist, daß sie den eschatologischen Vorbehalt nicht als Vorwand für Untätigkeit, Resignation oder Vertröstung nimmt.

1.2.1 Betroffenheit vs. Rekrutierung/Erfassung

„Betroffenheit" verwenden wir im folgenden in zwei (zunächst) verschiedenen Bedeutungen:
a) in einem objektiven (quantitativen) Sinn der Zugehörigkeit zu bestimmten Gruppen von Menschen (z. B. alleinerziehende Mütter, Anlieger an einer lärmreichen Verkehrsstraße usw.), auch wenn diese Betroffenheit nicht subjektiv (als belastend, als Leidensdruck u. ä.) wahrgenommen wird.
b) in einem subjektiven („qualitativen") Sinn, der sowohl eigenen Leidensdruck, eigene Benachteiligung, Einschränkung von Lebenschancen meint, aber auch (ebenso wichtig) Mit-leid, Empathie, Einbezogenwerden in fremde Not, Leid der anderen.
Die theologische Reflexion bringt beide Bedeutungen unter der Hinsicht von Gemeinde, Solidarität, Reich Gottes in Zusammenhang, ohne daß dies den Begriff dadurch ein-deutig macht.
Die ‚Ur-Szene' von ‚Betroffenheit' wird in der christlichen Tradition und Theologie in der Figur des Samariters symbolisiert (Lk 10, 25 – 37): seiner ‚diakonischen Basis-Begabung' ebenso wie seiner ‚potentia oboedientialis' für das Geschenk der Gotteserfahrung, der

Erfahrung „gültigen Lebens" in der ereignis- und geschenkhaften Begegnung mit dem „Armen". Betroffenheit ist also – theologisch – zunächst das Gegenteil von Leistung, Machbarkeit, „Kompetenz". Als diakonische Grundkompetenz (vgl. Halbe 1988) läßt sie sich gleichwohl bis zu einem gewissen Grad ausbilden, ist also mehr als bloßer Affekt (vgl. ebd. 221) und äußert sich u. a. in der Fähigkeit, sich vom Leid anderer berühren zu lassen und gleichzeitig Not adäquat wahrzunehmen (vgl. Steinkamp 1984).

Im Konzept der Sozialpastoral bekommt Betroffenheit eine weitere, wichtige Bedeutung, die mit der genannten allerdings eng verwandt ist. Als Gegenbegriff zu „Rekrutierung" und „Erfassung" im Sinne volkskirchlicher Mitgliedschaftspastoral meint die „Betroffenheits"-Maxime:

a) Statt beliebige Individuen und Menschen-Mengen zu Aktivitäten, Gruppen, Veranstaltungen zu versammeln/bewegen: Betroffene als solche wahrnehmen und ggf. zu Solidarisierungen, Zusammenschlüssen etc. zu bewegen, zu befähigen: Alleinerziehende, Arbeitslose, Drogenabhängige, Einsame etc. Ferner: Solidaritäts- und Selbsthilfegruppen (Homosexuelle, Anonyme Alkoholiker) Raum und Unterstützung geben, wo diese notwendig sind.

b) Menschen ihre komplementäre (als Noch-Arbeitsbesitzer, „Feierabend-Trinker") und sekundäre Betroffenheit (als Angehörige von Alkoholikern, Nachbarn von Aussiedlern und Asylanten) bewußt zu machen und ggf. mit entsprechenden Widerständen arbeiten. Dazu gehört die ganze allgemeine ‚pastorale Basistätigkeit', hiesigen Zeitgenossen ihre Verstrickung in die strukturelle Sünde bewußt zu halten (Verkündigung, Katechese, Dritte-Welt-Gruppen).

c) Die spezifische ‚Kompetenz der Betroffenheit' (Ludwig 1979, zit. bei Halbe, 235) in solchen Situationen und Zusammenhängen wahrnehmen, wo routinierte Diakonie dazu tendiert, ‚für sie' zu handeln (Schwangerschaftskonflikte, Arbeitslose, Behinderte etc.).

Wo, vor allem im Kontext pfarrgemeindlicher Praxis, die Maxime „Betroffenheit vs. Rekrutierung" als Orientierung dient, wird sich die Fixierung auf die bloße Quantität von „Mitmachenden" zur Aufmerksamkeit für je konkret Betroffene bzw. Gruppen von Betroffenen wandeln, wird die Frage der vereinskirchlichen Zugehörigkeit zweitrangig gegenüber der Sorge um die Gerechtigkeit des Reiches Gottes.

1.2.2 Selbstorganisation vs. Aktivierung

Diese Maxime stellt eine formale Variante zur ersten dar und akzentuiert den Aspekt der *Initiative* im Prozeß der Solidarisierung. Die bekannte Formel „Hilfe zur Selbsthilfe" gilt in besonderer Weise dort, wo Betroffenengruppen auch kollektive *Subjekte* ihres Handelns werden bzw. bleiben sollen. Vereinskirchliche Mentalität steht Phänomenen und Initiativen von Selbstorganisation meist bewußtlos im Wege, weil solche Gruppierungen oft nicht eindeutig ‚zu uns' gehören. Nach der berühmten Formel des anglikanischen Bischofs John A. T. Robinson, daß die Ekklesia eine Funktion der KOINONIA ist (und nicht umgekehrt!), gehört zu den Grundüberzeugungen der Sozialpastoral (vgl. Robinson 1965).[23] Die Maxime „Selbstorganisation vs. Aktivierung" betrifft nicht nur die Pfarrei-Praxis, sondern gilt z.B. auch im Blick auf die kirchlichen Verbände, die zwar Formen der Selbstorganisation zu sein beanspruchen, tatsächlich aber weitgehend Instrumente der Aktivierung geworden sind.

1.2.3 Verbindlichkeit vs. Geselligkeit

Zumal angesichts einer individualistisch-narzißtischen Kultur der Beziehungsarmut kommt der Anstiftung und Pflege verbindlicher Beziehungen im Kontext der ersten Welt eine hohe Bedeutung zu (vgl. Teil I, 1.1 und 1.3). Dabei kann es nicht darum gehen, Geselligkeit als solche abzuqualifizieren, wohl aber hinter einer suchthaften Geselligkeits-„Kultur" die tieferliegenden Sehnsüchte der Menschen nach verbindlichen, tragfähigen Beziehungen wahrzunehmen.

Verbindlichkeit als solche anzustreben ist dabei – sozialpsychologisch betrachtet – ähnlich paradox wie „methodische Spontaneität": Sie entsteht vielmehr aus gemeinsamer Betroffenheit, gemeinsamem Engagement (vgl. Steinkamp 1988B, 88ff.), in jedem Fall jedoch als Effekt der Übereinkunft von Gruppen, Konflikte ggf. auszutragen, bewußt an der Beziehungsebene der Gruppe zu arbeiten (z.B. durch sporadische bzw. indizierte Meta-Kommunikation), das heißt – wie immer die Ziele und Funktionen eines Teams, einer Initiative, eines Solidaritätskreises definiert seien –, die konkreten Bedürfnisse, Befindlichkeiten etc. der Mitglieder wahr- und ernstzunehmen, das heißt, das Subjektsein jedes einzelnen nicht nur abstrakt, ein für allemal zu behaupten, sondern je neu zu aktualisieren.

Verbindlichkeit kann, ebenso wie Betroffenheit, als kritisches Prinzip von Mitgliedschaft bezeichnet werden, d. h. der „ortho-praktische" Grad von „Gemeinde" und „Solidarität" bestimmt sich je empirisch nach dem Grad von Verbindlichkeit und Betroffenheit der jeweils beteiligten Individuen.

1.2.4 Soziale Kreativität vs. Routinehandeln
   („Instituierung" → „Institution")

Diese Maxime resultiert zunächst aus der Kombination der beiden vorherigen: Die autonome Praxis von Betroffenen läßt Formen der Partizipation entstehen, die sich *qualitativ* von „Aktivierung" unterscheiden. Menschliche Praxis bezieht ihre innovativen Impulse aus den „Träumen" (Lorenzer 1981, 27) und „Entwürfen" (Castoriadis 1984, 132 ff.) des „kollektiv Unbewußten", der „unbewußten Phantasien" der Beteiligten, wo diese als relevant in Rechnung gestellt und zugelassen werden: „Die menschliche Symbolorganisation hat neben der planvollen Arbeit ... noch ein anderes, zweckfreies Feld. Sie steht im Dienste nicht bloß des instrumentellen Handelns, sondern ebenso der Kommunikation zwischen Menschen, wie sie sich z. B. abseits alles zweckbestimmten Arbeitens zwischen Liebenden abspielt" (Lorenzer, 27).

Träume und Entwürfe einer besseren Gesellschaft, einer anderen Kirche und Gemeinde können ebenso zum permanenten Leiden an den bestehenden Verhältnissen führen, wie sie aber ebenso dazu dienen können, das jeweils institutionell Gegebene, Verfaßte und Verfestigte zu transformieren. Die permanente Spannung zwischen Instituierung und Institution als notwendiges Element (und nicht als „Störung") von Praxis zu begreifen, kann soziale Kreativität freisetzen, die (auch) ein Merkmal guter christlicher Praxis ist. „Gemeinde" ist in diesem Sinne nichts ein für allemal Vorgegebenes, eine Norm, der sich jede Vergesellschaftung von Christen anzupassen habe, sondern Gemeinde entsteht je neu aus den „Kirchenträumen" der Beteiligten (vgl. Steinkamp 1985 B, 251 ff.). Ob es sich dabei eher um „Kirchenträume" oder „Reich-Gottes-Träume" handelt, muß dann im konkreten Fall reflektiert werden: Beide haben eine je spezifische und zunächst einmal auch legitime Bedeutung, auch wenn z. B. der eindeutige „Überhang" von Kirchen- gegenüber Reich-Gottes-Träumen, z. B.

derzeit in Westeuropa, etwas Bemerkenswertes über den Bewußtseinsstand und die Bedürfnislage der hiesigen Christen aussagt.
Einige Beispiele „sozialer Kreativität":
die „offenen Haustüren" am Neujahrstag,
die gemischte Selbsthilfegruppe von Arbeitslosen und workoholics,
das Straßenfest von ChristInnen und TürkInnen,
Arbeitslosen-Initiativen,
Netzwerke Marginalisierter,
Telefonketten von Einsamen und Alten im Hochhäuser-Block.
Eine wichtige Bedingung bzw. ein Merkmal sozialer Kreativität besteht darin, solche Initiativen und „Instituierungen" als temporäre zu bejahen, d.h. eine veränderte Bewußtseinsform in bezug auf den Zeitfaktor von Sozialformen. Im Gegensatz zur „parochialen" Bewußtseinsform, daß der Wert von Gruppen, Vereinen und Gesellschaftsformen mit ihrem Alter wächst und nur dort „Verbindlichkeit" herrscht, wo Beziehungen vor allem durch Dauerhaftigkeit bestimmt werden, sieht die soziale Kreativität keinen Gegensatz zwischen temporären und verbindlichen Assoziationen. Sie beachtet vielmehr auch im Blick auf Gruppen, Netzwerke u.ä. das Gesetz von Leben und Sterben, „feiert" z.B. das Ende einer Bürger- bzw. Christen-Initiative statt es zu bejammern.

1.2.5 Bekehrung vs. Erbauung („Sinndeutung")

Die im engeren Sinn spirituell-religiöse Dimension der bisher genannten „Operationalisierungen" der „Option für die Armen" bzw. des „Lernziels Solidarität" kann mit dem Begriffspaar „Bekehrung vs. Erbauung" gekennzeichnet werden. Bekehrung meint dabei sowohl den Gegensatz zu Erbauung i.S. der religiösen Überhöhung bürgerlicher Plausibilitäten als auch den zu „Sinndeutung" im systemtheoretisch-funktionalistischen Verständnis der Aufgabe von Religion. Bekehrung trägt – im Weltmaßstab wie auch konkret-lokal betrachtet – der Einsicht Rechnung, daß die Option für die Armen sich glaubwürdig nur bezeugt durch die entsprechende Bereitschaft zur Bewußtseins- und Verhaltensänderung. Dies wiederum nicht ethisierend bzw. Über-Ich-haft zu verstehen bedeutet u.a., bereits den ersten kleinen Schritt als Schritt in die richtige Richtung zu verstehen und als Frucht der „Guten Nachricht" für die Nichtarmen (Frostin).

Daß nicht erst die letztgenannte, sondern alle vorstehenden Operationalisierungen nicht nur eine empirisch-sozialwissenschaftliche, sondern eine ebenso eminente theologisch-spirituelle Dimension beinhalten, hat J. Halbe am Beispiel „Betroffenheit" (s. o.) nachdrücklich gezeigt. Menschliches „involvement" in Leid und Not, Freude und Hoffnung der Mitmenschen hat ihr Urbild in Gottes Betroffenheit vom Leiden seines Volkes:

„Vertrautsein mit den Leiden des Volkes (in Ägypten, H. St.), nichts sonst, ist in Gott selber der Grund seines Kommens. Betroffenheit – nicht durch Sehen nur, Hören nur, sondern durch Innewerden (im prägnanten Sinn des hebräischen Wortes ‚erkennen', bei dem einen Hören und Sehen vergeht ...).

Und also Betroffenheit so, daß Gott nicht bei sich selbst bleibt – er, der ‚Außenstehende'. Sondern *herab*kommt, uns heraufzuführen. Teilend – weil wissend, wissend – weil teilend, ‚was ist'. Heruntergekommener Gott" (Halbe 1988, 223).

Am Beispiel der Betroffenheits-Maxime lassen sich ferner einige wichtige Perspektiven für die Grundmuster der Interaktion zwischen Amtsträgern und Gemeindemitgliedern, zwischen Pastoralarbeiterinnen und Pastoralarbeitern und ihren jeweiligen „Adressaten" aufzeigen:

– Wo erstere sich selbst von der Umkehrbotschaft betreffen lassen, wird man dies daran erkennen, daß sie sich nicht als Wahrheitsbesitzer oder Moralisten aufspielen;
– Die Selbstbetroffenheit von Amtsträgern zeigt sich u. a. daran, daß sie die „Sorgen" um die Kirche mit anderen teilen und nicht das Sorgemonopol für sich beanspruchen, dadurch ihr Gegenüber entweder zu Sorglosen oder Umsorgten degradieren;
– Für Betroffene spielen Kategorisierungen wie „Fernstehende", „Geschiedene", „politisch Andersdenkende" usw. keine solch große Rolle wie in der „vereinskirchlichen" Praxis: und zwar nicht allein deshalb, weil sie sich selbst als Sünder wissen, sondern weil die Option für die Armen für sie bedeutet, daß die strukturelle Sünde allemal schwerer wiegt als die individuell-moralischen Sünden;
– Für Pastoralarbeiter, die ihre eigene Betroffenheit von der „guten Nachricht für die Nichtarmen" spüren, sind die verschiedenen Varianten des Interaktionsmusters „Ich bin o. k. – Du bist (noch) nicht o. k." („Wir Erwachsenen sind schon dort, wo Ihr Jugendlichen erst

noch hinfinden müßt") u. ä. fragwürdig, die das Beziehungsklima der Vereinskirche subtil bestimmen (und zwar, weil in einer Kirche, die nur auf ihre Binnenprobleme fixiert ist, an die Stelle der Sorge um das Reich Gottes, an die Stelle von Tod und Auferstehung das Thema der Macht tritt: „Wer ist der Größte?" (Vgl. Mk 9, 30 – 33), und die Frage nach Gerechten und Sündern, die Etikettierung von Zöllnern und Dirnen so wichtig wird).

– Dabei geht es nicht um affektvolle, womöglich sentimentale Gleichmacherei, um Leugnung von Unterschieden und Verantwortlichkeiten, schon gar nicht um eine blauäugige Nivellierung professioneller Kompetenz des Amtsträgers: daß ein Seelsorger/Berater sich von dem Leid seines Klienten nicht so „anstecken" lassen darf, daß er nicht mehr zu Abgrenzung und Konfrontation fähig ist, braucht in diesem Zusammenhang ebensowenig betont zu werden wie die Selbstverständlichkeit, daß ein/e kirchliche(r) SozialarbeiterIn gerade dann diakonisch kompetent helfen kann, wenn er/sie sich z. B. von der depressiven oder aggressiven Stimmung in einer Notunterkunft nicht den kühlen Kopf vernebeln läßt.

Betroffenheit meint vielmehr auch in den komplexen Rollenbeziehungen christlicher Praxis das vom Glauben geprägte Bewußtsein von der vorgängigen Solidarität der Geschöpfe und Sünder.

TEIL III „HANDELN"

Im dritten Teil unserer Skizze einer Sozialpastoral geht es darum, anhand einzelner („paradigmatischer") Handlungsentwürfe Konturen einer (alternativen) Praxis zu zeichnen, die den Anspruch eines neuen Paradigmas veranschaulichen sollen.

Das methodologische Schema des Dreischritts darf dabei nicht so angewendet werden, daß nunmehr nur noch − gleichsam aus den bisherigen Analysen und Zielvorstellungen deduzierend − Handlungsrezepte ausgegeben bzw. Verbesserungsvorschläge für die bisherige Praxis gemacht werden.

In jedem sozialpastoralen Handlungsentwurf wiederholt sich vielmehr − auf einem weiteren Konkretionsniveau − der Dreischritt von Analyse, Vergewisserung der Option und Praxis-„Konstruktion". Dabei sind vorab zwei wichtige Elemente einer „neuen" Praxis zu benennen, die in den anschließenden Entwürfen jeweils besonders beachtet werden sollen:

− Es geht jeweils um neue Inhalte und Ziele kirchlicher Praxis, auch wenn diese unter herkömmlichen Etiketten (z. B. „Kirchliche Jugendarbeit") thematisiert wird.

− Aber es geht nicht um „neuen Wein in alten Schläuchen" in dem Sinne, daß die neue Praxis in den Strukturen der alten gedacht wird; vielmehr stehen diese Strukturen selbst zur Disposition, und zwar nicht nur zufolge der soziologischen Maxime „structure follows function", sondern weil − wie unsere Analyse gezeigt hat − in bestimmten Strukturmustern gerade das Defizitäre bisheriger Praxis zu sehen ist (vgl. Teil I, 1.5 die Ausführungen zur strukturellen Abspaltung von Diakonie und Pastoral sowie zur funktionalen Arbeitsteilung zwischen Religion und Gesellschaftspolitik und der damit zusammenhängenden Reduktion der Diakoniefunktion auf „assistentialistische" Caritas).

Bevor die neue Praxis einer hiesigen Sozialpastoral an vier paradigmatischen Entwürfen skizziert werden soll, bedarf deren Auswahl einer Begründung, und zwar eben hinsichtlich ihres („paradigmatischen") Anspruchs, daß in jedem dieser Beispiele alle wesentlichen Konturen des neuen Paradigmas der Sozialpastoral aufweisbar sind.

a) Am Beispiel *Arbeitslosigkeit* (1.) kann die gesellschaftsdiakonische Praxis der Christen/der Kirche als Praxis der (hiesigen) Option für die Armen insofern veranschaulicht werden, als Arbeitslosigkeit ohne Zweifel zu den brennendsten gesellschaftlichen Problemen unserer Gesellschaft zählt. Äquivalente Beispiele für das neue Paradigma der Sozialpastoral wären in diesem Zusammenhang Obdachlosigkeit und Wohnungsnot als sensible Indikatoren der „neuen Armut", die als solche ebenfalls als paradigmatisches Beispiel gewählt werden könnten. Die Entscheidung für das Problem Arbeitslosigkeit begründet sich durch die zusätzliche Möglichkeit, die hiesige Situation („Armut im Wohlstand") und der für sie typischen psychischen Deformationen durch Arbeitslosigkeit nochmals zu konkretisieren.

Die *neuen Inhalte* einer Pastoral, die beim Problem der Arbeitslosigkeit ansetzt, liegen auf der Hand: In Gemeinde und Katechese, selbst im Gottesdienst verändern sich die Prioritäten und die Konturen der herkömmlichen Inhalte und „Themen" z. B. dadurch, daß Arbeitslosigkeit theologisch als „sozialer Tod" (John 1991) definiert wird.

Neue Strukturen kommen beim Problem Arbeitslosigkeit schon dadurch in den Blick, daß dieses herkömmlich den Praxisfeldern Arbeiterpastoral, den entsprechenden Verbänden KAB und CAJ, allenfalls der Betriebsseelsorge oder auch der Caritas zugeordnet wurde, jedoch nicht dem Praxisfeld der Pfarrgemeinde. Wenn Sozialpastoral nun dieses Problem zu einem zentralen, Arbeitslosigkeit zu einem „generativen Thema" im Sinne P. Freires erklärt (vgl. Steinkamp 1985 A, 102), bedeutet das zwangsläufig, es ins Zentrum kirchlicher Praxis zu rücken, d. h. es zum Problem der Gemeinde zu machen.

b) Das Beispiel *Kirchliche Jugendarbeit* (2.) steht nicht nur als Beispiel für eine Neuinterpretation einer traditionellen „Zielgruppenpastoral" (zu der es Äquivalente wie Frauenseelsorge, Altenarbeit u. ä. gäbe), sondern zusätzlich als Beispiel, an dem man die herkömmlich als Religionspädagogik ausdifferenzierte Teilpraxis reflektieren kann (in bezug auf die, zumal in der Gestalt des schulischen Religionsunterrichts, ähnlich folgenschweren Abspaltungsphänomene und Zweitstruktur-Aporien aufzuweisen wären wie im Blick auf die Diakonie!). Vom Beispiel Arbeitslosigkeit unterscheidet sich dieses auch dadurch – der Hinweis ist deswegen wichtig, weil paradigmatische Darstellung auch dem Kriterium der „Trennschärfe" der verwendeten Beispiele unterliegt –, daß es die Probleme der Altersgruppe Jugend nicht von

vornherein als „defizitär" vorentscheidet. Ein weiterer Grund, dieses Beispiel zu wählen, bestand darin, daß in Medellín (1979) die „Option für die Armen" um eine „Option für die Jugend" ergänzt (vgl. Steinkamp 1986) und damit der Jugendarbeit der Kirche in der lateinamerikanischen Sozialpastoral ein besonderer Stellenwert zugeschrieben wurde.
Beim Versuch, auch an dieser Stelle von der Kirche Lateinamerikas zu lernen, ergeben sich *neue Inhalte* für die hiesige Jugendarbeit, die an die Stelle der alten Plausibilitäten dieses Praxisfeldes (Rekrutierung, kirchliche Sozialisation, aber auch: Vorbereitung auf die Arbeitsgesellschaft usw.) treten.
Die herkömmlichen *Strukturen* dieser Praxis sind dadurch insofern tangiert, als z.B. die Jugendverbände neu auf ihr Selbstverständnis als Selbstorganisation und Interessenvertretungsorgane Jugendlicher befragt werden, zugleich auch das traditionelle Schema „gemeindebezogene vs. verbandliche Jugendarbeit" fraglich wird.
c) *Telefonseelsorge* (3.) als Beispiel und Praxisfeld von Sozialpastoral zu skizzieren, löst deren Anspruch ein, das Gesamt der „alten" Praxis neu zu sehen, was z.B. dann auch bedeutet, alte Zuordnungen und Funktionsteilungen neu zu bestimmen. Telefonseelsorge wird herkömmlich – zwar nicht unstrittig (vgl. Steinkamp 1983 C) – als „Seelsorge" (und nicht als Diakonie) qualifiziert, wobei Seelsorge dabei im Sinn der Zuwendung zum einzelnen (der „Einzelfallhilfe" im Schema der Sozialarbeit ähnlich), oder – mit Luhmann – als „Leistungen für personale Systeme" (1977, 58) konzipiert ist.
Insofern die Wahrnehmung des einzelnen Menschen, seiner Biographie und seines je einzigartigen Schicksals auf den ersten Blick allen Orientierungen der Sozialpastoral entgegenzustehen, ein Paradebeispiel geradezu für jene Vereinzelungs-Pastoral zu sein scheint, die sie kritisch überwinden möchte, darf die Thematisierung und kritische Revision eines solchen Praxisfeldes in unserer Skizze nicht fehlen: So modern das Image dieser Form der Spezialseelsorge, als spezifische Antwort der kirchlichen Pastoral auf die besonderen Nöte der Großstadtmenschen konzipiert, auch sein mag, so muß sich gerade auch die Telefonseelsorge den kritischen Rückfragen der Sozialpastoral stellen. Dabei wird sich zeigen, daß unter der Option für die Armen (und der „Bekehrung in der Metropole") neue *Inhalte* und Ziele der Telefonseelsorge in den Blick kommen bzw. dort entwickelte Gewohnheiten in neuem Licht erscheinen: die „Seelsorge" der ehren-

amtlichen SeelsorgerInnen *aneinander,* die im Zuge ihrer Helfertätigkeit zunehmend ihre eigene Betroffenheit von jenen Nöten und Beschädigungen entdeckten, die sie Tag für Tag zu Ohren bekamen, so daß die Seelsorge untereinander als ebenso legitim und wichtig erachtet wird wie der Dienst am Telefon.

Strukturell betrachtet bedeutet das, die MitarbeiterInnenschaft einer Telefonseelsorge-Einrichtung als Para-Gemeinde zu begreifen, die durchaus basisgemeindliche Qualität bekommen kann.

d) Wenn schließlich und (bewußt) abschließend noch einmal *Gemeinde* (4.) zur Sprache kommt, so mit einer zweifachen Begründung: Einerseits hatte sich „Gemeinde" (im Sinn von „Substrat konkreter Solidarität", Selbstorganisation von Betroffenen usw.) in unseren Überlegungen immer mehr zu einer Zielkategorie von Sozialpastoral herausgebildet, so daß dieser letzte Schritt als eine Art Resümee der Skizze einer Sozialpastoral gelten kann. Andererseits kann die radikalste Kritik der „Pathologien der Parochie" nicht bedeuten, die je konkrete örtliche Praxis der Kirche gänzlich aufzugeben oder zu vernachlässigen. Die Frage ist dann allerdings, wie im Rahmen einer Sozialpastoral „Gemeinde am Ort" grundsätzlich (also nochmals unabhängig davon, ob sie z.B. Arbeitslosigkeit zu einem generativen Thema erklärt und somit ihre Inhalte insgesamt im Sinne der Sozialpastoral bestimmt) zu konzipieren ist.

Die *Inhalte* örtlich-gemeindlicher Praxis ergeben sich – so wird in diesem letzten Beispiel zu zeigen sein – aus der je konkreten gesellschaftlichen, sozialen Situation der dortigen Christen und ihrer Umwelt.

Das aber bedeutet im Blick auf die *Struktur* dieser Praxis, daß sie vor allem die Überwindung der strukturellen Abspaltung der Diakonie von Verkündigung und Liturgie zum Ziel haben muß. Insofern stellt die abschließende Thematisierung der hiesigen (Pfarr-)Gemeindepraxis nicht nur den logischen Schlußpunkt unseres Entwurfs einer Sozialpastoral dar, sondern auch deren zentralen Kern, gerade auch im dritten methodischen Grundschritt „Handeln".

Daß dieser Schritt nicht – wie in Lateinamerika, wo Sozialpastoral ihrem Wesen nach die, gleichsam nachträgliche, Explikation der Praxis der Basisgemeinden darstellt – am Anfang, sondern am Ende steht, mag abschließend nochmals die eingangs aufgezeigten Aporien des „Transferversuchs" veranschaulichen, denen das Projekt einer hiesigen Sozialpastoral begegnet.

1. Deformationen durch Arbeitslosigkeit – Praktisch-theologische Perspektiven

„Würde man die wechselnden Themenkonjunkturen in Medien und Sozialwissenschaften zum Problem ‚krankmachende Arbeit‘ und ‚krankmachende Arbeitslosigkeit‘ wörtlich nehmen, so stünde der Durchschnittsbürger vor einer makabren Wahl. Er müßte darüber entscheiden, *wie* er krank werden will – ob durch Arbeit oder Arbeitslosigkeit. *Daß* er krank werden wird, gilt als sicher. Soll er das Magengeschwür dem Infarkt vorziehen, und ist das Managersyndrom leichter zu ertragen als der Arbeitslosenstreß?" (Bonß/Keupp/Koenen 1984, 143)

Dieses Zitat dreier Sozialwissenschaftler, die sich mit dem Problem der Arbeitslosigkeit beschäftigen, markiert ziemlich exakt das Dilemma, in dem sich der Theologe befindet, wenn er, von ‚Deformationen durch Arbeitslosigkeit‘ ausgehend, Perspektiven für eine Theologie der Arbeit aufzeigen soll.

D. Sölle (1987) stößt im gleichen Augenblick, als sie die Frage „Brauchen wir eine neue Theologie der Arbeit?" (ebd., 135) aufwirft, auf eben diesen merkwürdigen Zusammenhang: „Reicht die protestantische Arbeitsmoral – besonders wenn sie zum ‚workolism‘, zur Arbeitssucht tendiert – zur Lösung der Probleme noch aus, und brauchen wir nicht in der Tat ein ganz neues Verständnis von Arbeit? ... Andere wieder halten es für fragwürdig, über ‚gute‘ Arbeit nachzudenken, da doch die Möglichkeit, überhaupt irgendeine Arbeit zu bekommen, auf dem Spiel steht. Trotzdem glaube ich, daß die Probleme der guten Arbeit und der Arbeitslosigkeit miteinander zusammenhängen" (ebd.).

Diesen Zusammenhang aus dem Auge zu verlieren, wäre im Blick auf eine neue Theologie der Arbeit die *eine* Gefahr, die es zu vermeiden gilt. Die andere wäre freilich der Zynismus einer Relativierung des Unterschieds zwischen den Beschädigungen durch Arbeitssucht, dem Zwangs-Dauerlächeln von Dienstleistungs-Berufen und den Gesundheitsschäden von Tretmühlen-Arbeit auf der einen und dem psychischen und existentiellen Leiden der von Arbeitslosigkeit Betroffenen auf der anderen Seite: Kaum irgendwo sonst scheint mir derzeit die

Lieblosigkeit der Generalisierung, der Verrat am Einzelschicksal so zu lauern wie in diesem Zusammenhang. Daß ich mich persönlich in diesem Knäuel wechselseitiger Verstrickungen am ehesten bei dem durch Workolism gefährdeten Personenkreis ansiedeln würde, will ich vorweg auch noch erwähnen, um meinen Standort als ‚beamteter Theologe' mit all seinem Dilemma anzudeuten, wenn ich im folgenden einen Beitrag der Praktischen Theologie zu einer ‚Theologie der Arbeit' versuche.

1.1 Deformation durch Arbeitslosigkeit

Das Alltagsbewußtsein assoziiert mit ‚Deformationen durch Arbeitslosigkeit' in erster Linie die psychischen und psychosomatischen Auswirkungen, die Arbeitslosigkeit bei den betroffenen Individuen nach sich zieht; daß darin bereits eine beträchtliche Wahrnehmungsverzerrung vorliegt, soll in einem ersten Aufriß relevanter Phänomene verdeutlicht werden (als erster Überblick vgl. z. B. Wacker 1976; ders. (Hg.) 1978; Bonß/Heinze 1984; Fröhlich 1979; Kieselbach/Offe 1978).

1.1.1 Individuelle Beschädigungen

In den letzten zehn Jahren wurde die politische Thematisierung der ‚neuen Arbeitslosigkeit' sehr bald um einen psychologisch orientierten sog. ‚Belastungsdiskurs' erweitert, zumal deswegen, weil die Betroffenen auf die neue Situation eher mit Anpassung, Resignation und Apathie reagierten, als daß der oft prophezeite Zusammenbruch des kapitalistischen Systems eingetroffen wäre. Die offenbar entpolitisierenden Effekte von Arbeitslosigkeit führten zu einem Boom empirischer Forschungen zu den psychischen Auswirkungen von Arbeitslosigkeit, deren Ergebnisse kaum noch zu überschauen sind (vgl. Bonß/Keupp/Koenen 1984, 149f.). Ebensowenig läßt sich eine eindeutige Tendenz der Forschungsergebnisse ausmachen, z. B. die Bestätigung der These, daß Arbeitslosigkeit als solche uns automatisch krank mache (vgl. ebd., 155).
Anstelle einer Darstellung und Diskussion der vielen und z. T. widersprüchlichen Ergebnisse der Belastungsforschung möchte ich aus

einer Stellungnahme mehrerer Berufsverbände zitieren, die praktisch, d. h. in Beratungs- und Therapie-Zusammenhängen, mit dem Problem konfrontiert sind.
Schon 1983 veröffentlichten die Deutsche Gesellschaft für soziale Psychiatrie, die Deutsche Gesellschaft für Verhaltenstherapie, die Gesellschaft für wissenschaftliche Gesprächspsychotherapie, der Verband der Berufs- und Arbeitspsychologen, Pro familia u. a. Verbände ein Memorandum, das nicht nur nicht an Aktualität verloren hat, sondern zumindest so viel ‚empirische' Autorität besitzen dürfte wie die vielen Einzelstudien der Streßforscher. Dort heißt es u. a.:
„Beim einzelnen Arbeitslosen führt Arbeitslosigkeit häufig zu:
– einem Gefühl des Kontrollverlustes über die eigenen Lebensbedingungen und daraus resultierende Hilflosigkeit;
– einer Entstrukturierung von Tagesabläufen und dem Verlust an Zukunftsplanung;
– einer Abnahme des Selbstvertrauens, Verringerung des Selbstwertgefühls und des Vertrauens gegenüber Mitmenschen;
– emotionaler Labilität, Schlafstörungen;
– Depressionen, Fatalismus und Apathie insbesondere bei langfristig Arbeitslosen, verbunden mit dem Gefühl der Wert- und Hoffnungslosigkeit;
– einer Zunahme sozialer Isolation ...;
– Vermehrung von Schuldvorwürfen gegenüber der eigenen Familie.
Bei arbeitslosen Jugendlichen – so wird besonders betont – führt Arbeitslosigkeit darüber hinaus:
– zu einer Verlängerung der Abhängigkeit vom Elternhaus;
– Störungen der Identitätsentwicklung;
– sozialer Desintegration" (zit. nach WzM 1985, 246f.).
Auch wenn, wie gesagt, diese Symptome nicht notwendig durch das Faktum Arbeitslosigkeit hervorgerufen werden, so deuten die referierten Beobachtungen doch unbezweifelbare Häufigkeiten und Trends an, die eindrücklich den Zusammenhang von Arbeitslosigkeit und psychischer Gefährdung bzw. Beschädigung belegen.

1.1.2 Beeinträchtigung der sozialen Beziehungen[24]:

Die erwähnten Berufsverbände schätzen, daß neben den unmittelbar von Arbeitslosigkeit betroffenen 2,7 Millionen „in der BRD die soziale und psychische Situation von annähernd 10 Millionen Menschen durch die Erfahrung von Arbeitslosigkeit bestimmt ist" (ebd., 145). Die Auswirkungen auf die Familien, zumal die Kinder von Arbeitslosen, sind in jüngster Zeit ebenso ins Blickfeld der Arbeitslosigkeitsforschung und -diskussion geraten wie die entsprechenden Folgeprobleme für Nachbarschaften, Freundeskreise und andere soziale Netzwerke.

Die typischen Effekte im Familienverband lassen sich wie eine Kette von Teufelskreisen beschreiben: die traditionellen Rollenbeziehungen und Arbeitsverteilungen geraten aus den Fugen, und das führt zu Belastungen der Ehebeziehung und ggf. zu Scheidungen (vgl. Goeb 1988).

Oder Ohnmachts- und Wutgefühle werden unterdrückt, die falsch kanalisierte Aggression erzeugt Depressivität. Die Kinder solcher Familien ‚agieren' die aggressiven bzw. depressiven Gefühle der Eltern aus: mit aggressivem Verhalten oder aber in Form von Resignation und dem Verlust der Motivation zu beruflicher Qualifizierung, wie aus einer Studie der Arbeiterwohlfahrt über die Betroffenheit der Familien durch Dauerarbeitslosigkeit hervorgeht (vgl. ebd., 17). In einer Studie von K. G. Zenke von der Pädagogischen Hochschule Reutlingen über „Kinder arbeitsloser Eltern" (vgl. Ulrich/Zenke 1988) werden folgende psychophysischen Auswirkungen herausgestellt: Nervosität, Konzentrationsschwächen, Schlafstörungen, Bronchitis, Bettnässen, Stottern (zit. bei Kirbach 1988, 69). Die Kinder, so resümiert der Berichterstatter, „erleben die Arbeitslosigkeit wie ihre Eltern und reagieren auch so: sie kapseln sich nach außen ab; sie schämen sich, weil sie ihre Familie nicht mehr für gesellschaftsfähig halten" (vgl. ebd.). Mag die durch Arbeitsverlust bedingte Entstrukturierung herkömmlicher Rollen- und Funktionsverteilung zwischen den Ehepartnern auch Chancen einer Neuorientierung und autonomen Rolleninterpretation enthalten, so wird man in bezug auf die Belastung der Eltern-Kind-Beziehung vermuten müssen, daß sie eher zu Lasten der Kinder geht. Ergebnisse einer Untersuchung von K. Heinemann über „Innerfamiliäre Folgeerscheinungen der Arbeitslosigkeit von Frauen" (vgl. Bolle 1987) deuten darauf hin, daß Kinder die unbewußten Folgeprobleme solcher Entstrukturierungen (in Gestalt von Projektionen, unbewußten Versuchen, den Kindern Fehlentwicklungen zu ersparen) zu spüren bekommen, die sich vordergründig als erhöhte Konfliktträchtigkeit in der Kindererziehung wahrnehmen lassen (vgl. ebd., 139f.). Ob für die jetzt heranwachsende Generation von Arbeitslosenkindern in erhöhtem Maße gilt, was P. Altheit und Ch. Glaß (1986) für die Generation der (jetzigen) arbeitslosen Jugendlichen behaupten, nämlich, daß es sich um eine „beschädigte Generation" (ebd., 347f.) handelt, bleibt abzuwarten. Als Tenor vieler entsprechender Forschungsergebnisse kann das Fazit K. Heinemanns gelten: „Arbeitslosigkeit bedeutet oft einen krisenhaften Einbruch in die individuelle Biographie, der mit vielfältigen Formen der Entstrukturierung verbunden sein kann. Die sich daraus ergebenden Veränderungen und Probleme wirken in die Familie" (ebd., 140).

1.1.3 Deformation des Gemeinwesens

In der berühmten „Marienthalstudie" von M. Jahoda, P. Lazarsfeld und H. Zeisel (¹1933) wird die „psychologische Situation eines arbeitslosen Ortes" (Vorwort von M. Jahoda/H. Zeisel zur ersten Auflage) geschildert, nämlich des kleinen Industriedorfes Marienthal in Niederösterreich, deren einzige Fabrik 1929/30 schließen mußte (vgl. Jahoda u. a. 1975; vgl. auch Sondergeld 1988).
Dieser Studie, die als Klassiker der empirischen Sozial- und Feldforschung gilt, lagen seinerzeit seitens der Forschergruppe um P. Lazarsfeld ähnliche erkenntnisleitende Interessen zugrunde, wie sie noch heute bei der Erkundung des „subjektiven Faktors" der Arbeitslosigkeit Pate stehen: die große Frage „Revolution oder Resignation" (K. Sondergeld 1988). Die Idee, die Folgen von Arbeitslosigkeit nicht nur bei Individuen und Familien zu erforschen, sondern in einem Gemeinwesen, entstammte dem damaligen methodologischen Selbstverständnis der Sozialpsychologie als „quantitativem Studium von Massenerscheinungen" (P. Lazarsfeld, Vorspruch zur neuen Auflage 1960, 13). Man erhoffte sich also von der Fallstudie in der Tat Hinweise auf die in der Frage ‚Revolution oder Resignation' enthaltenen Hypothesen, die bekanntlich in der Marxismus-Diskussion bis heute eine zentrale Rolle spielen.
Die Haupterkenntnis der Studie besteht in der Falsifizierung der ‚Revolutions-Hypothese': Marienthal wird bald zu einer „müden Gemeinschaft" (55f.), d.h. politische Betätigung nimmt ab, wo vorher politische Vereine und Organisationen ein reges Leben geführt hatten

(vgl. neuerlich Krieger/Schläfke sowie Bollmann 1987). Die Leute wissen mit ihrer ungewollten freien Zeit wenig anzufangen, wie das am Bibliotheksbesuch der Marienthaler Arbeiterbibliothek nachgewiesen wird (vgl. ebd., 57). Offenbar unter dem Einfluß des Geldmangels lassen alle sonst üblichen kulturellen und Freizeitaktivitäten nach: „Es ist, als ob die kulturellen Werte, die im politischen Kampf stecken, erstarrt wären und sogar wieder primitiveren Formen des Kampfes Platz machen" (ebd., 61), resümieren die Forscher ihre Beobachtungen der Wandlungen des Mitgliederverhaltens in den Vereinen: „Der Rückfall von der höheren Stufe der politischen Auseinandersetzung auf die primitivere der individuellen gegenseitigen Gehässigkeit ist fast aktenmäßig zu belegen" (ebd.). Die Parallele zu Beobachtungen P. Freires ist frappierend: Die Unterdrückten kanalisieren ihre Ohnmacht und Aggression, statt sie gegen die Unterdrücker zu wenden, ‚horizontal', gegen die Genossen, die Gleich-Betroffenen (vgl. Freire 1982).

Der von der Wiener Forschergruppe am häufigsten registrierte Verhaltenstyp in Marienthal wird als „gleichmütig erwartungslose(s) Dahinleben" beschrieben, als eine generalisierte Einstellung vom Typus: „man kann ja doch nichts gegen die Arbeitslosigkeit machen". Dabei herrschte, so wird berichtet, „eine relativ ruhige Stimmung, sogar immer wieder auftauchende heitere Augenblicksfreude, verbunden mit dem Verzicht auf eine Zukunft, die nicht einmal mehr in der Phantasie als Plan eine Rolle spielt", eine Grundstimmung der Bewohner, die die Forscher durch das Wort „Resignation" am besten gekennzeichnet fanden (vgl. Jahoda u.a. 70). „Die Marienthaler wurden eine ‚müde Gemeinschaft', die zunehmend resignierte und nicht revoltierte – geschweige denn ‚revolutionär' wurde" (Sondergeld 1988, 68), so das Fazit dieser Studie.

Schon dieser kurze Überblick über einige Ergebnisse der empirischen Arbeitslosigkeits-Forschung zeigt, daß Arbeitslosigkeit keineswegs nur Auswirkungen für die betroffenen Individuen hat, sondern daß mehr oder minder ihr gesamtes soziales Umfeld mitbetroffen ist. Inzwischen gehört zudem zu den Binsenwahrheiten der einschlägigen Erörterungen, daß auch die Arbeitbesitzenden indirekt betroffen sind, z.B. in Form von Identifizierungen und Ängsten, selber den Arbeitsplatz zu verlieren, was dann oft zu unbewußten Anpassungsstrategien (Verzicht auf Krankheitsurlaub, Lohnerhöhung, Verbesserungen der Arbeitssituation u.ä.) führt.

1.2 Maßstäbe und Anstösse

Was sagen solche, relativ beliebig ausgewählten und beliebig zu ergänzenden, Ergebnisse sozialwissenschaftlicher Forschung und Theologie? Wie können sie sinnvoll, d.h. ‚nicht zufällig', ins Blickfeld praktisch-theologischer Reflexion geraten?
Wenn der Gegenstand der Praktischen Theologie die (‚richtige') Praxis der Kirchen bzw. der Christen ist, so kann man in bezug auf Arbeitslose zunächst zweierlei feststellen:
– Sie geraten ins Blickfeld und in Zusammenhänge kirchlicher Praxis, wo sie in Beratungsstellen, Sozialstationen, caritativen Einrichtungen, gelegentlich in Jugendzentren usw. auftauchen. In solchen seelsorgerlichen bzw. diakonischen Kontexten entsteht die generalisierte Wahrnehmung von ‚Deformationen', die dann ihrerseits als Faktor in die Fragestellungen und Suchbewegungen der Praktischen Theologie eingehen;
– zugleich muß man – zumal wenn man auf Erkenntnisse wie die der Marienthalstudie trifft – feststellen, daß diese genannten ‚Berührungspunkte' kirchlicher Praxis mit den Arbeitslosen ihrerseits hochgradig kontingent erscheinen: So kommt z.B. das Problem und Phänomen in unseren durchschnittlichen Pfarreien allenfalls ‚am Rande' vor. Selbst das großartige Engagement der Christlichen Arbeiterjugend oder einzelne diakonische Initiativen (Selbsthilfe-Projekte, alternative Betriebe usw.) und selbst das hoffnungsvolle Zeichen, das die Kirchen in Rheinhausen gesetzt haben, vermögen nicht die Tatsache zu beschönigen, daß Arbeitslose und das Problem Arbeitslosigkeit nicht im Zentrum kirchlicher Praxis stehen.
Wie kann die Praktische Theologie also angesichts dieser gesellschaftlichen und kirchlichen Situation, aber auch angesichts der in ihr verborgenen „Zeichen der Zeit", zu Maßstäben kommen, kirchliche Praxis kritisch zu begreifen und Anstöße für eine veränderte Praxis zu geben?

1.2.1 Option für die Arbeitslosen

Angesichts der offenkundigen ‚Beschädigungen', die Arbeitslosigkeit an Menschen, zwischenmenschlichen Beziehungen und Gemeinwesen anrichtet, kann die erste, spontane Reaktion der Kirche und der Chri-

sten nur in einer bedingungslosen Parteinahme für die Betroffenen bestehen. Der Zustand, daß Millionen Menschen das elementare Recht verweigert wird, sich durch Arbeit zu verwirklichen, am gesellschaftlichen Prozeß der gemeinsamen Bewältigung der Lebensaufgaben zu beteiligen und so ihren eigenen Lebensunterhalt als Subjekte zu sichern – dieser Zustand ‚schreit zum Himmel', wie es in Rheinhausen ein Pfarrer spontan formuliert hat. Sein Ausruf, stellvertretend für die örtliche Gemeinde und als Angebot zur Solidarisierung mit den von Arbeitslosigkeit Bedrohten gemacht, wurde von allen Beteiligten ‚verstanden', ohne jedes theologische Argument!
Es wurde ‚verstanden' von denen, die in der christlichen Tradition aufgewachsen sind und in dieser spontanen Solidarisierung mit den Betroffenen einen Grundgestus der Praxis Jesu wiedererkannten, wie auch von denen, denen diese Tradition fremd ist, die aber – wie der Überfallene in der Samariter-Geschichte – dieses „Zeugnis ohne Worte" (Evangelii Nuntiandi) verstanden, das – wie O. Fuchs zutreffend sagt – „nicht schlechter dran (ist) als das Wort ohne Zeugnis, im Gegenteil (vgl. Mt 21, 28 – 31; 1 Kor 1 – 2)".
Gleichwohl muß die Praktische Theologie eine solche Option und die spontan von allen Beteiligten empfundene ‚Wahrheit' einer solchen Praxis (Orthopraxie) theologisch-argumentativ explizieren. Dabei kommt der vorrangigen Parteinahme für die von Arbeitslosigkeit beschädigten Individuen als dem die Suche nach Verstehen gesellschaftlicher Zusammenhänge und die Suche nach Auswegen leitenden (Erkenntnis-)Interesse als solcher theologische Bedeutung zu, und zwar insofern, als sich solche Parteilichkeit in der Tradition eines Gottesgedankens und eines Gottes-Volkes weiß, für den bzw. dem die Befreiung aus unmenschlichen Lebensverhältnissen, der Kampf um Gerechtigkeit wichtiger ist als alles andere (vgl. Sölle 1987, 17ff.).

1.2.2 Deformationen durch Arbeitslosigkeit und durch Arbeit

Eine erste wichtige Tat-Sache (vs. Natur-Sache), auf die eine empirisch ansetzende Theologie der Arbeit aufmerksam wird und aufmerksam macht, besteht darin, daß nicht nur Arbeitslosigkeit Individuen und ihre Beziehungen beschädigt, sondern auch Arbeit. Das heißt, daß auch die derzeit beliebte Formel, das einzige Heilmittel gegen Arbeitslosigkeit sei ein Arbeitsplatz, zu kurz greift. Vielmehr wird eine Theologie, die die „Zeichen der Zeit" wahrzunehmen sucht, „das Problem der Arbeitslosigkeit als Chance erkennen, bessere und würdigere Formen der Arbeit zu entwickeln" (ebd. 137).

Daß auch Arbeit den Menschen entfremdet, ist uns nicht erst durch K. Marx bewußt gemacht worden. Neben den typischen Entfremdungsformen seiner Zeit, und als Ausweitung seines Blickwinkels, der insbesondere auf die Fabrikarbeit des Frühkapitalismus gerichtet war, müssen wir heute auch andere Deformationen in den Blick nehmen, die durch Arbeit unter entsprechenden Bedingungen und bei entsprechender individueller Disposition erzeugt werden: vom Workolism der white-collar-Berufe über die seelische Selbstvergewaltigung, die die ständig geforderte Fassade von Lächeln und Aufmerksamkeit vieler Dienstleistungsberufe bedeutet, bis hin zu jenen Formen physischer und psychischer Überanstrengung, die die Überwachung hochkomplizierter Mikro-Elektronik, der Fluglotsenjob oder die Bedienung der Supermarkt-Kasse bedeuten (vgl. auch Körner/Zygowski 1984).

Der Zusammenhang zwischen dem Zynismus eines kapitalistischen Wirtschaftssystems, dem die Werkzeuge und das reibungslose Funktionieren der Maschinerie wichtiger sind als die Subjekte (vgl. Gorz 1985, 100ff.), den zugehörigen ökonomischen Theorien, die auf der Akzeptanz einer hohen Arbeitslosenquote beruhen, und dem menschenunwürdigen und identitätszerstörenden Schicksal Arbeitslosigkeit, ist ebenso offenkundig wie er den Massen immer neu als naturgesetzlich gegeben zu suggerieren versucht wird. Diesen Zusammenhang zu beklagen und ideologiekritisch zu enttarnen, gehört zum Wesen einer Religion, die sich nicht mit der ihr zugewiesenen Rolle gesellschaftlicher Kontingenzbewältigung abfindet. Dabei gewinnt Theologie die Maßstäbe ihrer Kritik sowohl aus jenen biblischen und theologischen Traditionen, die die Würde der menschlichen Arbeit als Mit-Schöpfertum betonen wie aus denjenigen, die Arbeit und Arbeits-Zusammenhänge als ‚Orte' von Schuld und Leid benennen. Der grundlegenden Ambivalenz des Phänomens der Arbeit als Chance menschlicher Selbstverwirklichung und kooperativer Weltgestaltung auf der einen und Ursache von Entfremdung auf der anderen Seite entspricht eben jene christliche ‚Doppel-Botschaft' von Heilsverheißung und Schuldbedrohung menschlicher Arbeit.

Nun kann mit dieser Ambivalenz in der individuellen, gesellschaftlichen und kirchlichen Praxis bekanntlich in zwei grundverschiedenen Weisen umgegangen werden, nämlich fatalistisch oder kreativ, so, wie das für den Umgang mit grundsätzlich ambivalenten Phänomenen wie z. B. Sexualität, Aggressivität überhaupt gilt.
Dem fatalistischen Umgang mit der Ambivalenz der Arbeit entspricht eine Religionspraxis, die das theologisch-analytische Instrument der ‚Heils- und Schuld-Ambivalenz' menschlicher Arbeit im Sinne eines geschichts- und gesellschaftslosen, quasi-transzendentalen ‚sowohl – als auch' benutzt und zu Zwecken der Vertröstung und Beschwichtigung mißbraucht. Gegenüber einer solchen Theologie und Religionspraxis soll im folgenden die Skizze einer Kriteriologie Praktischer Theologie (und damit kirchlich-christlicher Praxis) entworfen werden, die – ausgehend von der fundamentalen Ambivalenz der Phänomene menschlicher Arbeit – diese als Chance der Subjektwerdung und als permanente gesellschaftliche und kirchliche Aufgabe begreift.

1.2.3 Konkretisierungen/Kriterien

1.2.3.1 Subjekthafte vs. entfremdete Arbeit: Wenn Arbeitslosigkeit – ebenso wie viele Formen entfremdeter Arbeit – zur Zerstörung von Identität und Verhinderung von Subjektwerdung führen, dann muß die ‚Option für das Subjekt' auch zum ersten Kriterium kirchlicher Praxis im Umgang mit Arbeitslosigkeit und Arbeitslosen sein. Statt diese Option hier nochmals inhaltlich zu entfalten, sei an zwei Beispielen verdeutlicht, was das gegenwärtig bedeuten könnte.
1.2.3.1.1 Wie eingangs gesagt, begegnen Beschädigungen durch Arbeitslosigkeit und entfremdete Arbeit in der kirchlichen Praxis vor allem in Beratungszusammenhängen, im Rahmen kirchlicher Diakonie. Dort hat in den letzten Jahren die Subjekt-Option verschiedener Formen sog. nicht-direktiver Beratung zur Geltung verholfen und auch theologisch-argumentativ Plausibilität verliehen. Nun helfen bekanntlich gegen Arbeitslosigkeit weder einfühlendes Zuhören noch Therapie, jedenfalls nicht langfristig, sondern – und hier hat die zitierte Parole ihren Sitz im Leben und ihr Recht – eben nur: Arbeit. Diese schmerzliche Grenze liebgewonnener seelsorgerlicher passépartouts zu erleben, könnte insofern heilsam sein, als sie die Notwen-

digkeit einer anderen, zumindest komplementären pastoralen Konzeption in den Blick nimmt.
1.2.3.1.2 So kommen Arbeitslosen-Initiativen, Selbsthilfe-Gruppen, alternative Betriebe u. ä. dem Subjektsein der Betroffenen wesentlich näher als noch so gut gemeinte und noch so professionelle diakonische Initiativen *für* sie. In dieser Hinsicht könnte die hiesige kirchliche Praxis viel von den Praktiken der Befreiungstheologie lernen, von der Grundfigur etwa der brasilianischen ‚Pastoral operaria' oder der ‚Pastoral da terra' (vgl. Steinkamp 1988 A). Sie besteht darin, die Betroffenen zu Zusammenschluß und Solidarisierung anzustoßen und zu befähigen sowie in vielfältigen Formen der solidarischen (d. h. eben nicht-assistentialistischen) Begleitung solcher Initiativen und Bewegungen.
Daß für eine solche Praxis die bisherige Arbeitsteilung zwischen Praktischer Theologie und Sozialethik obsolet geworden ist, dürfte überdeutlich sein: Der Beitrag der Kirche zur politischen Durchsetzung der Forderung nach autonomeren Formen der Arbeit (vgl. Gorz 1985, 104) ist durch keine ‚Pastoral' zu ersetzen. Ob und inwieweit unter unseren hiesigen Bedingungen einer reichen Betreuungskirche bestimmte Formen der Solidarisierung und des gemeinsamen Kampfes überhaupt möglich und glaubwürdig ist, bleibt dabei sehr fraglich. Immerhin wäre dann das Eingeständnis, daß die Kirche Arbeitslosen nicht wirklich helfen kann, ein abermaliges Indiz für den „fortwährenden Skandal" (O. v. Nell-Breuning) ihrer zutiefst gestörten Beziehung zur Masse der Arbeiter.
Die Anfrage (und das Kooperationsangebot) der Praktischen Theologie an andere theologische Disziplinen lautet an diesem Punkt: Greifen nicht subjekt-theologische und handlungstheoretische Ansätze von Theologie dort zu kurz, wo sich diese auf eine quasi-transzendentale intersubjektive Grundsituation, auf den sog. „normativen Kern kommunikativen Handelns", fixieren und damit einengen? (vgl. Steinkamp 1984 A). Muß ich, wie beim Kleinkind, das Subjektsein meines (arbeitslosen) Gegenübers „kontrafaktisch unterstellen" – um es in Peukertscher Terminologie auszudrücken –, oder ist nicht eben eine solche (temporäre) Unterstellung eine subtile Flucht vor der wirklichen Herausforderung dieser Situation? Müssen wir nicht, wenn wir die so hoch-konsensfähige Formel von der ‚Identitätsfindung durch Interaktion' benutzen, immer mitdenken: ‚Interaktion

(auch) = Arbeit' bzw. ‚Identitätsfindung/Subjektwerdung durch Arbeit', wenn die Formel nicht fatal idealistisch geraten soll?
1.2.3.2 Vereinzelung vs. Vergesellschaftung durch Arbeit: Wenn die empirische Erforschung der Folgen von Arbeitslosigkeit ergibt, daß diese auch Familien, Sozialität allgemein, ganze Gemeinwesen (s. Marienthal-Studie) zerstören, dann kann daraus nur die Konsequenz folgen, den fundamentalen Vergesellschaftungs-Effekt der Arbeit stärker ins gesellschaftliche und kirchliche Bewußtsein zu heben und vielfältige Formen der ‚Kommunikation über Arbeit' zu entwickeln. Daß die in diesem Kontext herrschenden Denkmuster und Bewußtseinsformen wie ‚Arbeit – Reproduktion', ‚Arbeit – Freizeit' selbst die neo-marxistische Formel ‚Arbeit und Interaktion' in der Alltagswelt eher zu Abspaltungen denn zum Bewußtsein dialektischer Bezogenheit geführt haben, dürfte unstrittig sein. Das gilt vor allem für die gesellschaftliche Freizeitpraxis, deren Kolonisation durch Konsumismus, Massenmedien und Bilderflut dazu tendiert, unsere Beschädigungen durch die Arbeit zu betäuben, statt sie zum Ansatzpunkt politisch-gesellschaftlichen Handelns und zur Reflexion über sozio-ökonomische Gesamtzusammenhänge zu nehmen.

Die hiesige kirchliche Praxis muß unter diesem Gesichtspunkt nicht nur kritisch als die Praxis einer Sonntags-Kirche apostrophiert werden, sondern auch als die Praxis einer ‚Freizeit-Kirche'. Wo hat denn in unseren durchschnittlichen Pfarrgemeinden das Thema ‚Arbeit' einen Platz? Und was wäre hier alles an ‚alternativer Praxis' denkbar und wünschenswert:

– z.B. Arbeitslosen-Treffs und -Initiativen, die in der Gemeinde nicht im toten Winkel stehen, sondern im Zentrum des Lebens einer diakonischen Gemeinde, die sie als Experten für ‚Zeichen der Zeit' nutzt und als Stachel ihres kollektiven Gewissens;
– Selbsthilfe-Gruppen, wo Arbeitslose und z.B. Workoholiker gemeinsam an ihren Beschädigungen arbeiten;
– z.B. eine Gemeindekatachese, in der ‚Arbeit' als ‚generatives Thema' (sensu P. Freire) dient, um in langfristig angelegten ‚Alphabetisierungsprozessen' die zentrale Bedeutung der Arbeit als dem wichtigsten Faktor von Vergesellschaftung bewußt zu machen. In solcher Gemeindepraxis wäre nicht nur das gegenwärtig handgreiflichste Problem der Volkskirche, daß sie nämlich mehr und mehr zu einer Religion für die Kinder und die Alten angegangen wird – eine solche

Art von christlicher Gemeinde wäre auch ein ‚Modell' für eine gesellschaftliche Praxis der Rückeroberung des ‚Freizeit'-Bereichs als eines politisch-gesellschaftlichen Raumes, in dem sich u. a. ‚Kommunikation über Arbeit' (Arbeitslosigkeit, Arbeitsteilung, Sinn von Arbeit) ereignen könnte. Unter solchen Vorzeichen – daß kirchliche Gemeinden und Gruppen von Christen konkret Hand anlegen bei der Bewältigung eines brennenden gesellschaftlichen Problems – wäre dann die m. E. ansonsten dubiose Bewußtseinsform und Bezeichnung der Gemeinde als ‚Alternativ'-Gesellschaft schon eher akzeptabel.

Wie kann – so lautet gegenwärtig die Frage – Kirche überhaupt als Institution der Sinnstiftung wirksam werden, wenn sie den Sektor Arbeit sich selbst überläßt und sich statt dessen als Konkurrentin auf dem Freizeit-Markt betätigt?

Diese zentrale kritische Frage an hiesige kirchliche Praxis richtet sich übrigens im nächsten Augenblick auch an die Theologie: Wieso spielt ‚Arbeit' in der Ekklesiologie keine Rolle (und gilt allenfalls als Domäne der Sozialethik), wenn richtig ist, daß Arbeit *das* zentrale Medium von Vergesellschaftung ist? Ist es Zufall und allenfalls ein Hinweis auf den Überbau-Charakter hiesiger Universitätstheologie, daß wir ekklesiologische Denkmodelle eher aus der Deduktion aus Trinitätsspekulationen gewinnen als von empirischen Formen menschlichen Miteinanders am Arbeitsplatz (vgl. de Almeida Cunha 1988)?

Müßten nicht in unserer Situation Kirche und Theologie dem bei Marx bekanntlich negativ und kritisch gefaßten Begriff der ‚Arbeitsteilung' (Marx 1953, 359)[25] die Realutopie eines anderen entgegensetzen, der ‚Arbeitsteilung' als Werk der Subjekte (vgl. Gorz 1985, 110, 116), als ‚von unten' initiiert sieht, als *die* gesellschaftlich-politische Aufgabe der in die Sackgasse geratenen ‚Arbeitsgesellschaft'[26]?

Der derzeit vieldiskutierte Gedanke der Arbeits-Teilung bekäme dabei im theologischen und kirchlichen Kontext zwei wichtige Akzentuierungen:

a) In Verbindung mit der theologisch begründeten Subjekt-Option wären alle Formen der ‚Arbeitsteilung von unten' daraufhin zu bedenken, ob und in welchem Maße das ‚Teilen' tatsächlich Sache der beteiligten und betroffenen Subjekte ist (und nicht deren subtile Vereinnahmung für bestimmte politische oder gewerkschaftliche Strategien). Dabei kämen dann womöglich Phänomene wie Entsolidarisie-

rungen, Selbstausbeutungs-Tendenzen u. ä. zutage, die gegenwärtig m. E. gewerkschaftlichen Zielen entgegenstehen.
b) Vor allem gilt es zu bedenken, daß der Appell zu teilen als solcher bekanntlich nicht viel hilft, weil er im Individuum auf massive (z. T. unbewußte) Ängste und Widerstände trifft. Das heißt, daß kirchliche Praxis sozusagen ‚flankierend' an der ‚Bearbeitung' unserer normalen Unfähigkeit zu teilen arbeiten muß. Dabei helfen bekanntlich Vorträge u. ä. nicht, sondern Lernfelder und Erfahrungsräume, in denen Gegenerfahrungen möglich werden: daß Teilen Freude machen und tiefe Glücksgefühle erzeugen kann, daß die Erfahrung von Solidarität Ängste bannen kann, die uns im Alltag an unserem Besitz festklammern lassen: Erfahrungen, die Liebende, Freunde und Familienmitglieder kennen, aber außerhalb solcher Beziehungen normalerweise nicht für möglich halten. Hier kommen Formen und Aufgaben von Gemeindepraxis in den Blick, deren Umfang derzeit noch nicht abzusehen ist.
1.2.3.3 Zentralität vs. Marginalisierung der Arbeit: Als Fazit aller bisherigen Überlegungen ergibt sich eine weitere praktisch-theologische Maxime, die für die zu entwerfende Theologie der Arbeit ebenso wichtig ist wie für die kirchliche Praxis: daß Arbeit einen zentralen Stellenwert in beiden bekommen muß.
Daß sie in der abendländischen und gegenwärtigen Universitätstheologie eine marginale Bedeutung hat, dürfte unstrittig sein. Das Faktum, daß sie ihren klassischen Ort in der christlichen Sozialwissenschaft hat, deutet ja als solches darauf hin, daß sie zu einem bestimmten geschichtlichen Zeitpunkt überhaupt ins Blickfeld der Theologie rückte: nämlich im 19. Jahrhundert im Zusammenhang des bis heute weitgehend unbegriffenen Verlustes der Arbeiterschaft, des Zeitpunktes, an dem die neuzeitliche Entfremdung zwischen der Kirche des Bürgertums und dem Proletariat offenkundig wurde.
Von der Notwendigkeit, das Thema ‚Arbeit' ins Zentrum der Ekklesiologie zu rücken, war bereits die Rede. ‚Arbeiten und Lieben' als zentrale schöpfungs-theologische Themen neuerlich in den Diskussions-Zusammenhang der Arbeits-Problematik gerückt zu haben, ist ein kaum zu unterschätzender Beitrag D. Sölles (1987) zum gegenwärtigen Diskurs. Ohne es hier ausführen zu können, behaupte ich eine ähnliche Notwendigkeit, die Arbeit ins Zentrum theologischer Reflexion zu rücken, auch für die Fundamentaltheologie, die theologische Anthropologie und die Moraltheologie.

Mindestens ebenso dringlich erscheint indessen die Forderung nach einer zentralen Rolle der Arbeit für die hiesige kirchliche Praxis. Ohne die verdienstvollen Aktivitäten der Christlichen Arbeiterjugend bestreiten zu wollen, erst recht das ‚stellvertretende' Engagement von Betriebsseelsorgern und die prophetische Funktion der Arbeiterpriester zu übersehen, wird man aufs Ganze gesehen von einer marginalen Rolle der Arbeit in der hiesigen Kirchenpraxis sprechen müssen.

Das gilt – um es zu wiederholen – für die Pfarr-Gemeinden (vgl. neuerlich Wegener 1988), aber auch für kirchliche Bildungswerke, Akademien, Kirchentage u. ä. Wenn man vor der Folie der ‚Marienthalstudie' an die Programmatik (und das Schicksal!) solcher Konzepte wie ‚Gemeindeaufbau als Gemeinwesenarbeit' denkt, wird einem bewußt, welche Chance kirchlicher Gemeinde darin bestünde, das Problem der Arbeitslosigkeit zum Ansatzpunkt basis-gemeindlicher Transformationsprozesse der Volkskirche zu nehmen. Wenn denn überhaupt, dann scheinen in solchen kollektiven Betroffenheiten Ansatzpunkte zu liegen, unter unseren volkskirchlichen und gesellschaftlichen Bedingungen von der Praxis der Kirchen der ‚Dritten Welt' zu lernen (vgl. Steinkamp 1988 E).

2. Jugendarbeit zwischen System und Lebenswelt

Die Situation von Jugendarbeit unter dem Aspekt des Verhältnisses von System und Lebenswelt anzuschauen und zu analysieren heißt vor allem zweierlei:
– Jugend und Jugendarbeit nicht sektoral, nicht als Teilsystem oder spezifisches Handlungsfeld, sondern im Kontext gegenwärtiger gesellschaftlicher Entwicklungen zu erörtern;
– „zwischen" System und Lebenswelt wird dabei nicht nur als ein Synonym für „Gesellschaft" verwendet, sondern nimmt – im Sinne der Verwendung des Theorems bei Habermas – bestimmte „Pathologien" der modernen Gesellschaft in den Blick, die gleichsam „im Grenzbereich" von System und Lebenswelt entstanden sind.
Eine Theorie und Konzeption von Jugendarbeit, die nicht bei spezifischen „Jugend"-Problemen ihren Denkansatz gewinnt, sondern in dem genannten Sinn bei „Gesellschaft", definiert eben diesen „Zwischen"-Raum, seine Pathologien und Krisen, seine „neue Unübersichtlichkeit" (Habermas und die notwendige Suche nach neuen Orientierungen, Gegensteuerungen und „Gegengiften" (Beck) als ihr Arbeitsfeld und begreift „Aufklärung" und „Beziehungsarbeit" als ihre wichtigsten Aufgaben.

2.1 Jugendarbeit und Gesellschaftstheorie

Die ideologische Szenerie der Jugendarbeit läßt sich durchaus mit dem Schlagwort von der „Neuen Unübersichtlichkeit" (Habermas 1985 A) kennzeichnen, so wie die gesellschaftliche Situation überhaupt. Die gängigen Plausibilitäten lassen sich eher in Widersprüchen und Ambivalenzen aussagen als in eindeutigen Definitionen und Trendbestimmungen.

2.1.1 „Jugendarbeit hat keinen Sinn mehr" – aber der Betrieb
    geht weiter

Im Zuge der allgemeinen „Erschöpfung utopischer Energien" (Habermas 1985 A, 141), insbesondere der Ent-täuschung der Utopien der

Arbeitsgesellschaft und des Wohlfahrtsstaates, hat in den letzten Jahren eine Desillusionierung liebgewordener Plausibilitäten über Sinn und Zweck von Jugendarbeit eingesetzt. W. Hornsteins (1985) These, mit der massenhaften Jugendarbeitslosigkeit habe nicht nur die Lebensphase des Jugendalters ihren Sinn (als Vorbereitungszeit auf die Arbeitswelt) verloren, sondern auch die Jugendarbeit (mit ihren diesbezüglichen Theorie-Prämissen), ist nur eine besonders pointierte Stimme im Konzert eher düsterer Einschätzungen ihrer gegenwärtigen Funktionen (vgl. z. B. auch Giesecke 1984). Daß Jugendarbeit in dem Maße an „Sinn" verliere, wie dieser angesichts von Zukunftsangst und Perspektivenlosigkeit einer ganzen Generation verloren zu gehen droht, macht sich meiner Wahrnehmung nach auch unter vielen Jugendarbeiterinnen und Jugendarbeitern breit, wenn auch oft diffus und „verschoben" (z. B. als Wunsch nach Berufswechsel).

Unbeschadet dieser tiefsitzenden Krisenstimmung trifft die Feststellung von L. Böhnisch und R. Münchmeier (1987) zu, daß die Jugendarbeit „in der Mitte der achtziger Jahre nicht nur auf einen erstaunlichen organisatorischen Ausbau zurück(-blickt)" (ebd. 9), sondern auch durch ein bis dahin nie gekanntes Ausmaß an Professionalisierung ihrer Mitarbeiterinnen und Mitarbeiter gekennzeichnet ist. Die mittlerweile vielfältigen Initiativen, Jugendarbeitslosigkeit, Zukunftsängste und Umweltbedrohung zu „Themen" und Projekten innerhalb des Subsystems Jugendarbeit zu machen, können nicht über den Tatbestand hinwegtäuschen, daß der Widerspruch selbst zwischen Krisenbewußtsein und Systemroutine eher verleugnet bzw. nicht wahrgenommen wird: Jugendarbeit hat zwar keinen Sinn mehr – aber der Betrieb geht weiter.

2.1.2 Jugendliche: Problemgruppe oder Propheten?

Eine ähnliche Ambivalenz bzw. Widersprüchlichkeit zeigt sich, wenn man zwei globale Einschätzungen der jungen Generation aus der Sicht der Erwachsenen vergleicht: die Perspektive von der „Jugend als Problem" (z. B. Hornstein 1982; Deutscher Bundestag 1980) steht unvermittelt neben einer fast konträren Sichtweise, die Jugendliche als Träger postmaterieller Werte, in diesem Sinn als kulturelle Avantgarde zu betrachten neigt (vgl. Allerbeck/Hoag 1985).

Die binnenkirchliche Variante dieser Polarisierung wird in O. Fuchs' kämpferischer Antithese von der „prophetischen Kraft der Jugend" (1986) formuliert: Gegen die hierzulande geläufige Perspektive, zumal der Amtskirche, Jugendliche vor allem als Sorgenkinder zu definieren, stellt er deren Innovationspotentiale in den Mittelpunkt seiner Betrachtungen: Jugendliche als Propheten, als Seismographen für gesellschaftliche und kirchliche Mißstände (vgl. auch Steinkamp 1986). Das seit M. Mead in der Soziologie geläufige Denkschema von der postfigurativen bzw. präfigurativen Kultur lebt in solchen Antinomien wieder auf: Geht es darum, Jugend an die Normen der gegenwärtigen Gesellschaft und ihre herrschenden Plausibilitäten anzupassen, oder verkörpern Jugendliche den Geist der kommenden Epoche?

2.1.3 Generationskonflikt oder Klassenkonflikt?

Eine differenziertere Analyse (z. B.) der binnenkirchlichen Konflikte, zumal im Kontext der Nord-Süd-Konfliktlinien, zeigt, daß sich im Hintergrund bestimmter Generationenkonflikte eigentlich Klassenkonflikte verbergen, wie u. a. die jüngsten Interventionen Roms gegen die Internationale CAJ belegen (vgl. Pawlowski 1989): Je deutlicher Jugendverbände anti-kapitalistische Positionen beziehen, um so sicherer trifft sie der Bann einer Kirchenleitung, die ihren Platz an der Seite der Mächtigen bezogen hat bzw. sich bewußtlos von deren Interessen instrumentalisieren läßt.

Die inzwischen als soziologische Binsenweisheit geläufige Einsicht, daß man nicht von *der Jugend* sprechen kann, gewinnt im übrigen erst im Zusammenhang der Alternative von Klassen- und Generationskonflikt ihre eigentliche Bedeutung: Natürlich muß man nach Gruppenstilen und Orientierungen, nach konservativen und progressiven Jugendlichen unterscheiden! Jugendliche sind überhaupt nicht nach anderen Kriterien zu unterscheiden als die übrigen Mitglieder der Gesellschaft. Daran aber wird letztendlich deutlich, wie an den drei erörterten Gegenüberstellungen überhaupt, daß Jugendarbeit ihre Konzepte und Orientierungen nicht von einer wie auch immer gearteten „Theorie der Jugend" gewinnen kann, sondern nur von einer adäquaten Theorie der Gesellschaft.

Das bedeutet auch, daß jede Selbstvergewisserung über Ziele und Methoden von Jugendarbeit Gefahr läuft, zu kurz zu greifen, die ihren Denkansatz gleichsam „unterhalb" dieser Prämisse gewinnt. Das gilt für eine „pädagogische Jugendarbeit" (Böhnisch/Münchmeier 15 ff.) ebenso wie für psychologisch und interaktionistisch enggeführte Konzepte. Und auch, wie kaum eigens betont werden muß, für alle Formen weltanschaulich geprägter Jugendarbeit, die eine Reduktion der skizzierten Komplexität des Verhältnisses von Jugend und Gesellschaft durch die Interessen-Perspektive einer Gewerkschaft oder Kirche versuchen. Letzteres führt zu mehr oder weniger gelingenden Formen der Rekrutierung von Nachwuchs für die bestehenden gesellschaftlichen Gruppierungen, nicht aber zu transformativer Sozialisation.

2.2 REDUKTIONEN

Die immer neu auftretenden konzeptuellen Engführungen von Jugendarbeit müssen aber nun ihrerseits (auch) als Reaktionen auf steigende gesellschaftliche Komplexität verstanden werden, als Versuche, in der „Unübersichtlichkeit" des vielschichtigen Beziehungsgeflechts zwischen Jugend und Gesellschaft einen Überblick zu behalten, einen „Standort" zu gewinnen. Drei solcher zeittypischer „Reduktionen" sollen im folgenden kurz erörtert werden, und zwar, um die These von der „gesamtgesellschaftlichen" Bedingtheit von Jugendarbeit („zwischen System und Lebenswelt") aus einer anderen Perspektive zu untermauern.

2.2.1 Jugendarbeit als „Beziehungsarbeit": die interaktionistische Reduktion

Eine derzeit beliebte Auffassung von Jugendarbeit orientiert sich an den Paradigmen der Beratung bzw. der Psychoanalyse: Jugendarbeit als Beziehungsarbeit. Diese Konzepte haben insofern einen hohen Grad an Plausibilität, als sich das Paradigma „Beratung" einer hohen Zustimmungsfähigkeit erfreut (vgl. Steinkamp 1983 A). Beratung als „neues Paradigma der Sozialwissenschaften" (Seel 1980) entspricht dem neuzeitlichen Bewußtsein von der Würde des Subjekts, dem alle Formen von Indoktrination, einseitiger Beeinflussung oder gar Manipulation widerstreiten. In seiner psychoanalytischen

Variante meint „Beziehungsarbeit" dabei ein zweifaches: Zu deren konzeptuellen Kernbestand gehört sowohl die Vorstellung von der Person der Jugendarbeiterin/des Jugendarbeiters als „personales Angebot" (vgl. Synodenbeschluß „Ziele und Aufgaben kirchlicher Jugendarbeit") als auch die von den „gelingenden Beziehungen" der Jugendlichen als Einübung in „gelingendes Leben". Die entsprechenden Leitbilder von Professionalität sind denn auch an der Beraterin/dem Berater bzw. an der Analytikerin/Therapeutin/dem Analytiker/Therapeuten orientiert.

2.2.2 Jugendarbeit als Beitrag zur Individuation: die „biographische" Reduktion

Das neue Interesse an Biographie und Biographieforschung darf m. E. nicht einfachhin als eine Erscheinungsform des Psychobooms gewertet werden. Die in der Jugendforschung zunehmende Bedeutung der Lebensläufe von Jugendlichen (Allheit/Glaß 1986; Bublitz 1980; Grösch 1987) hat sich inzwischen auf Konzepte von Jugendarbeit ausgeweitet (vgl. Böhnisch/Münchmeier): Diese soll Jugendlichen helfen, sich zwischen ihrer je individuellen Vergangenheit und Zukunft zu „verstehen".

Diese gewachsene Aufmerksamkeit für die Biographie verdankt sich vor allem einer gesellschaftlichen Entwicklung, die den einzelnen mehr und mehr aus vorgegebenen Fixierungen (Familie, Schicht, Milieu etc.) herauslöst und vor die Aufgabe stellt, diese Orientierungen durch eigene Initiativen zu gewinnen: „In der individualisierenden Gesellschaft muß der einzelne ... bei Strafe seiner permanenten Benachteiligungen lernen, sich selbst als Handlungszentrum, als Planungsbüro in bezug auf seinen eigenen Lebenslauf, seine Fähigkeiten, Orientierungen, Partnerschaften usw. zu begreifen" (Beck 217). Das hat handfeste Konsequenzen auch für solche Instanzen wie Jugendarbeit: „Aus diesen Zwängen zur Selbstverarbeitung, Selbstplanung und Selbstherstellung von Biographie dürften über kurz oder lang auch neue Anforderungen an Ausbildung, Betreuung, Therapie und Politik entstehen" (ebd. 218).

So bedeutungsvoll die Aufgaben, die sich aus diesen Entwicklungen für die Jugendarbeit ergeben, auch sein mögen (wir werden später darauf zurückkommen müssen), sie wären verkürzt verstanden, wenn man sie durch eine einfache Erweiterung des Psycho-Methoden-Arsenals (z. B. Psychodrama, life-planing-Übungen u. ä.) zu bewältigen suchte.

2.2.3 Zwischen New Age und Okkultismus: die neo-religiöse Reduktion

In manchen Kreisen der (zumal kirchlichen) Jugendarbeit hat man m. E. allzu voreilig die New-Age-Welle als Ende einer Epoche gefeiert, in der Jugendliche die sog. „Sinnfrage" aus dem Blick verloren hätten. Zweifellos läßt sich bei Jugendlichen ein neu erwachendes Interesse an Meditation und Transzendenz, freilich auch an Okkultismus und Magie, ausmachen, das gerade in Kirchenkreisen aufmerksam registriert wird, mit Angst und dem Ruf nach „Sektenbeauftragten" hie wie mit Hoffnungen und „religiösen" Programm-Angeboten dort.
Voreilig scheint mir indessen die Annahme, hierbei handle es sich einfachhin um die Kontinuität einer Tradition von Jugendarbeit, die schon immer die Sinn- und Identitätssuche des Jugendalters als eine ihrer zentralen Aufgaben begriff. Das Mißverständnis und die womöglich darin liegende Reduktion dürfte um so folgenschwerer sein, je mehr dabei der zunehmend prekäre „Sinn" (bzw. Unsinn) der gesamtgesellschaftlichen Entwicklung, einschließlich der Fragen der weltweiten Ungerechtigkeit, des Rüstungswahns und der Umweltzerstörung, aus dem Blick geriete. Die neo-religiöse Reduktion der „neuen Unübersichtlichkeit", so sehr sie psychologisch verständlich sein mag, könnte sich als die folgenschwerste erweisen.

2.3 JUGENDARBEIT ALS „AUFKLÄRUNG" und „REPRODUKTION VON ZUGEHÖRIGKEIT"

Wenn sich als allgemeinste Konsequenz unserer Analyse die Notwendigkeit der „Verteidigung der von innerer Kolonialisierung bedrohten Lebensformen" (Habermas 1985 B, 182) ableiten läßt, so kann diese Aufgabe − entsprechend der beiden grundlegenden Aspekte des Lebenswelt-Begriffs − in zwei Teilziele aufgespalten werden.
Habermas (1981, II) bestimmt diese beiden Aspekte so: „Während die Interaktionsteilnehmer, ‚der Welt' zugewendet, das kulturelle

Wissen, aus dem sie schöpfen, durch ihre Verständigungsleistungen hindurch reproduzieren, reproduzieren sie zugleich ihre Zugehörigkeit zu Kollektiven und ihre eigene Identität." („Sobald einer dieser beiden Aspekte in den Vordergrund rückt, erhält der Lebensweltbegriff wiederum eine einseitige, nämlich entweder *institutionalistisch oder sozialisationstheoretisch verengte* Fassung", ebd. 211.)

2.3.1 „Aufklärung"

Die erste Funktion lebensweltlicher Verständigung, die Reproduktion kulturellen Wissens, bedarf im Blick auf die Praxis von (zumal kirchlicher) Jugendarbeit nochmals einer Unterscheidung von zwei Teilaspekten, dem der „Verständigung" (bei Habermas: Diskurs) und der „reflexiven Verflüssigung von Weltbildwissen" (vgl. Habermas 1985 D, 188 f.).

2.3.1.1 Oberflächen- und Basisregeln
Die alltägliche Interaktion (auch in der Jugendarbeit) gestaltet sich nach sog. Oberflächenregeln (vgl. Bukow 1975, 60 ff.), nach denen sich, von den Teilnehmerinnen und Teilnehmern zumeist unreflektiert, die normale Definition, Aushandlung und Bewältigung von Situationen vollzieht (z. B. Entscheidung über ein gemeinsames Projekt). Erst wenn Unsicherheiten oder Konflikte auftreten, die mit Hilfe der Oberflächenregeln nicht zu bewältigen sind, kann eine Besinnung auf die den normativen zugrundeliegenden Basisregeln zur Lösung des Konflikts führen (vgl. Habermas' Diskurs-Modell der „herrschaftsfreien Kommunikation"; für den speziellen Zusammenhang Jugendarbeit vgl. Czell 1975 und 1982). Die hier vorschwebende Praxisform ist uns u. a. als Meta-Kommunikation geläufig.

Für den theoretischen Zusammenhang mit der Problematik der Lebenswelt ist der Hinweis wichtig, daß die beteiligten Individuen in solchen Prozessen der Aushandlung von Regeln des Miteinander kulturelles Wissen rekonstruieren und sich dabei „Kultur" (= die in „Tradition" gleichsam „abgelagerte" Weisheit kultivierten Miteinanders) aneignen.[27] Wer den in der Synode geprägten Begriff der „reflektierten Gruppe" auch in diesem Sinn versteht, verzerrt ihn m. E. nicht.

2.3.1.2 „Kommunikative Verflüssigung von Tradition"

Zielen die sozialisations-relevanten Effekte der soeben beschriebenen Alltags-Kommunikation auf Bewußtseinsbildung der beteiligten Individuen und ihrer „Sozialintegration" (vs. Systemintegration) (und stellen in dem Sinne eine permanente Weise der „Aufklärung" des „ethnisch Unbewußten" (Habermas 1986, 380) dar), so läßt sich davon, mindestens analytisch, eine Form der Reproduktion kulturellen Wissens unterscheiden, die zumal für religiöse Traditionen von besonderer Bedeutung sind.

Was Habermas, auf Traditionen allgemein angewandt, die „reflexive Verflüssigung von Weltbildwissen" (1985 B, 188 f.) nennt (und auf die Entstehung universalistischer Moral- und Rechtssysteme und die fortschreitende Individuierung zielend sieht), läßt sich, bezogen auf eine seiner früheren Arbeiten (1976), durchaus auch auf religiöse Traditionen, zumal die emanzipatorisch-befreienden Traditionslinien der jüdisch-christlichen Religion, beziehen (vgl. neuerlich zur Habermas-Rezeption in der Theologie: Arens 1989). Der Grundgedanke dabei lautet, daß die kommunikative Verflüssigung religiöser Traditionen nicht nur zu deren „Aneignung" im Sinne eines „subjekthaften" Glaubens dient, sondern daneben Widerstandspotentiale gegen subjektfeindliche Tendenzen von Systemintegration mobilisieren kann.

„Aufklärung" als Aufgabe von Jugendarbeit meint in diesem Sinne zunächst also: Entdeckung von Basisregeln menschlichen Miteinanders in lebensweltlicher Kommunikation und An-Eignung von (kultureller, religiöser) Tradition. Eine solche Aufklärung ist zwar noch nicht identisch mit expliziter Systemkritik (z. B. ökonomischer und administrativer Machtkonzentration), wohl aber deren unabdingbare Voraussetzung: als Mobilisierung von Widerstand gegen die „Kolonialisierung der Lebenswelt". Nur auf deren Basis scheint heute, zumal angesichts von Bilderflut und Warenästhetik, explizite Aufklärung über politische und gesamtgesellschaftlich-globale Zusammenhänge möglich, wie dies schon immer zum Selbstverständnis emanzipatorischer Jugendarbeit gehörte.

2.3.2 „Zugehörigkeit"

Die Reproduktion kulturellen Wissens geht, wie gesagt, einher mit der Reproduktion der Zugehörigkeit zu Kollektiven und (darin!) der eigenen Identität. Die oft sehr abstrakt formulierte und meistens entwicklungspsychologisch verengte Zielvorstellung von Jugendarbeit, sie habe „Identität" entwickeln zu helfen, wird damit präzisiert und in einen größeren theoretischen Zusammenhang gerückt. Die der Jugendarbeit dabei zuwachsende Aufgabe kann wiederum nach zwei Gesichtspunkten differenziert werden:

2.3.2.1 Teilnahme an wert- und normbildenden Lernprozessen
Empirisch betrachtet tragen viele Formen von Jugendarbeit mehr Züge von Systemintegration denn von Sozialintegration, so wie man dies generell für hiesige Formen kirchlicher „Vergesellschaftung" behaupten kann: Teilnahme wird über „Programme", marketing-ähnliche Modelle von „Angebot und Nachfrage", punktuelle Veranstaltungen mit dem (oftmals) geheimen Ziel, möglichst viele zu erreichen, u.ä. zu bewirken versucht, seltener über gezielt partizipative Formen. Mit ihrer strukturellen Un-Verbindlichkeit tragen solche Veranstaltungen zwar einer zeittypischen Disposition des bindungsängstlichen Individuums Rechnung, verfehlen aber gleichzeitig genau die Funktion, die sie im „Zeitalter des Narzißmus" (Lasch 1982) haben könnte, nämlich eben genau: Verbindlichkeit zu stiften.
Zugehörigkeit im Sinne der Theorie der Lebenswelt wird allein durch Teilnahme an normbildenden Lernprozessen erreicht, d.h. (z.B.) in Gruppen, die Prozesse der Aushandlung von Situationen, die diskursive Klärung von normativen und argumentativen Geltungsansprüchen u.ä. als ihr „Programm", zumindest als einen elementaren Bestandteil ihres Programms, betrachten. Ob und wie das „methodisch" erreicht werden kann, kann hier ebensowenig erörtert werden wie die Frage, ob der hier gemeinte Typ des Kollektivs in der Linie der traditionellen Jugendgruppe oder nicht eher in der Richtung dessen liegt, was wir heute „Basisgruppe" oder „Soziotop" nennen (vgl. Steinkamp 1989). [Erst hier (bei der Basisgruppe) setzt die mögliche Programmatik „Soziales Engagement" (Dritte-Welt-Kreis; Öko-Friedens-Initiativen, Einsatz für Behinderte u.ä.) ein, wenn sie denn – sozial-pastoral – aus Betroffenheit/ Verbindlichkeit entsteht und nicht als „aktivierendes Programm!]

2.3.2.2 Netzwerke
Was Habermas als die bedrohliche Auflösung lebensweltlicher Kommunikations-Zusammenhänge beschreibt, wird von Beck (vgl. 1986,

205 ff.) als Individualisierung bei gleichzeitiger Standardisierung von Biographiemustern diagnostiziert. Der von ihm nahegelegte „Ausweg" geht freilich in eine ähnliche Richtung: den einzelnen befähigen, sich als „Planungsbüro in bezug auf seinen eigenen Lebenslauf, seine Fähigkeiten, Orientierungen, Partnerschaften usw. zu begreifen" (ebd. 217).

Wo Jugendarbeit ihren Auftrag u. a. als „Beziehungsarbeit" definiert (s. o.), wäre diese (mindestens zusätzlich zu der an psychoanalytische Vorstellungsgehalte angelehnten Bedeutung) in dem hier gemeinten Sinn zu interpretieren: Jugendliche befähigen, ihr je individuelles Beziehungsnetzwerk zu bauen, sich bewußt als Architekt des je persönlichen Netzes unterschiedlicher Beziehungen zu begreifen, entsprechende Dispositionen bzw. Fehlentwicklungen gezielt auszubauen bzw. zu bearbeiten. Letzteres genau könnte dann eine Art Schnittpunkt für die beiden verschiedenen Formen von „Beziehungsarbeit" werden: Der Jugendarbeiter/die Jugendarbeiterin wäre dann zugleich „Vorbild" für eine solche Lebenspraxis und Befähigung zum „Netzwerkbau".

2.4 „Zwischen WeggefährtInnenschaft und Professionalität?"

Was folgt – abschließend – aus unserer Analyse für die Rolle der Jugendarbeiterin/des Jugendarbeiters? Deren Verständnis wurde in den letzten Jahren einerseits durch eine deutliche Abgrenzung von der PädagogInnenrolle bestimmt – andererseits durch einen ebenso deutlichen Akzent in Richtung Professionalisierung. Aber Professionalisierung welcher „Basis"-Rolle?

Böhnisch/Münchmeier meinen in der Jugendarbeit der letzten Jahre „so etwas wie eine ‚Professionalisierung einer Erwachsenenrolle'" (ebd. 210) zu erleben, die sich von der PädagogInnenrolle dadurch unterscheidet, daß die Jugendarbeiterin/der Jugendarbeiter den Jugendlichen als Ansprechpartnerin bzw. -partner zur Verfügung steht. Begründet wird die Rolleninterpretation mit Verweis auf Veränderungen der Situation des Sozialstaates, der „nicht mehr darauf vertrauen kann, daß das Verhältnis der Generationen untereinander fraglos funktioniert, sondern hergestellt werden muß" (ebd. 211). Ich

halte diese Bestimmung für äußerst mehrdeutig und daher präzisierungsbedürftig!
Welcher Typ von Erwachsenem ist denn gemeint? (Als könne man, wo man schon nicht von *dem* Jugendlichen reden kann, von *dem* Erwachsenen reden!) Der „es schon weiß" und seine Lebenserfahrung (bestenfalls geduldig) zur Verfügung stellt, wenn sie gebraucht wird? Der „Handlanger" des Sozialstaates, der dessen ungerechte und tendenziell jugendfeindliche Arbeitsmarkt- und Sozialpolitik gegenüber den Jugendlichen „abfedert"? So zumindest könnte man Böhnisch/ Münchmeier verstehen!

2.4.1 Erwachsene als Mit-Betroffene

Statt die Rolle der Jugendarbeiterin/des Jugendarbeiters von der Bearbeitung des Generationenkonflikts zu bestimmen, scheint es mir — in der Linie der bisherigen Überlegungen — adäquater zu sein, sie durch die Kategorien der „Betroffenheit" und „Parteilichkeit" zu charakterisieren. Nur der Erwachsene, so behaupte ich, der von der „Pathologie der Moderne" selbst spürbar betroffen ist, kann Jugendlichen heutzutage ein glaubwürdiges „Gegenüber" sein (Halbe 1988). Derjenige bzw. diejenige, der/die sich seiner eigenen Bedrohung durch die Maschinerie der Verdummung und Gleichschaltung als KonsumentIn und „Nummer" bewußt ist und in diesem Sinn „aufgeklärt" und zur „Aufklärerin" bzw. zum „Aufklärer" tauglich. Nur solche Erwachsene können Prozesse der „Verflüssigung von Traditionen" anstiften und begleiten, die sich mit Tradition existentiell aus-einander-gesetzt haben, die (z. B.) von der jüdisch-christlichen Tradition „betroffen" sind (was ja nicht durch stromlinienförmige Identifikation mit der real existierenden Kirche garantiert ist), und die diese eben nicht nur routiniert weiter-„verkaufen". (Man erkennt solche Jugendarbeiterinnen und Jugendarbeiter übrigens daran, daß sie mehr an Inhalten als an „Methoden" interessiert sind!)

2.4.2 Parteiliche Erwachsene

Eine Folge solcher Betroffenheit ist dann m. E. notwendig: Parteilichkeit. „Option für die Jugend" (als analoge Formel zur befreiungstheologischen „Option für die Armen") fordert unter den gegenwärtigen Bedingungen (z. B. der fortgesetzten Umweltzerstörung und des Ressourcen-Raubbaus) notwendige politische Konsequenzen, wenn denn die jetzige Erwachsenen-Generation sichtlich der kommenden die Lebensgrundlagen raubt. Insofern halte ich den Begriff der „Professionalität" in diesem Zusammenhang deshalb für gefährlich, weil er allzusehr durch die BeraterInnen- und AnalytikerInnen-Kompetenzen des Nicht-Wertens, der „Abstinenz", des „unbewegten Gegenüber" getönt ist. (Wenn schon, dann allenfalls im Sinne dessen, was wir in den letzten Jahren in der Sozialarbeit als „alternative Professionalität" diskutieren.) Natürlich dürfen wir nicht hinter bestimmte Standards von Professionalität zurückfallen, z. B. die Fähigkeit zur Abgrenzung oder die, unreflektiertes „Helfen" durch „Kontrakte" zu steuern (Müller 1988). Parteilichkeit: nicht mit allem und jedem, was Jugendliche tun und fordern, identifizieren. Wohl: aus „Option" ihre grundlegenden Interessen (als nachwachsende Generation) vertreten und sie befähigen, es selbst zu tun.

3. Telefonseelsorge – modernster kirchlicher Service oder Basisgemeinde?

Auf den ersten Blick scheint die relativ junge Einrichtung der Telefonseelsorge (TS) eine der modernsten „Services" der Großkirchen in hochindustrialisierten Gesellschaften zu sein, Musterbeispiel auch für die diakonische Präsenz der „Kirche in der Großstadt", darin aber gerade auch für die Unmöglichkeit, noch sinnvoll zwischen Seelsorge und Diakonie zu unterscheiden (vgl. Steinkamp 1983 C).
Gleichzeitig scheint – ebenfalls auf den ersten Blick – eine solche Einrichtung sich einer sozialpastoralen Reform kirchlicher Praxis eben durch jene Attribute zu entziehen, die sie als eine typische „Dienstleistungs"-funktion definieren. Beide vordergründigen Evidenzen machen jedoch auch den Versuch reizvoll, diese Spezialform kirchlicher Praxis im neuen Paradigma der Sozialpastoral zu reflektieren. Er ist es um so mehr, als die Telefonseelsorge sich einem doppelten Legitimationsdruck ausgesetzt sieht:
– von seiten der Kirche und Kirchenleitung der Frage nach dem christlichen Proprium ihrer Beratungstätigkeit (trotz aller deklamierten diakonischen „Absichtslosigkeit");
– von seiten anderer Beratungsstellen, insbesondere nochmals verschärft durch die institutionen-übergreifende Diskussion um die „Krise des Helfens" (Steinkamp 1987), als Frage nach dem (religiösen) Spezifikum ihres Angebots.
Beide Anfragen lassen sich – überraschend – auf einen gemeinsamen Nenner bringen, auf die Frage nämlich, ob Telefonseelsorge nicht nur „heilt" (Trost spendet, psychisches Leid lindern hilft, Selbstmordgefährdete noch einmal von ihrem Vorsatz abbringt usw.), sondern ob sie darüber hinaus „Heil" vermittelt, d.h. ihr Hilfsangebot, wenn denn die Ratsuchenden es erwarten, sich auch auf Fragen nach der „Wirklichkeit hinter der Wirklichkeit" bezieht. Beginnen wir also unseren Versuch, Telefonseelsorge im neuen Paradigma der Sozialpastoral zu verorten, mit genau dieser Frage: Heilt die Telefonseelsorge?
Das ist eine andere Frage als die bislang immer wieder erörterte, *wie* Telefonseelsorge heilt, mit welchen Methoden, mit welchem Hilfsan-

spruch, d.h. unter welchen „vorab", durch das Medium Telefon bedingten Einschränkungen, aber auch mit welchen besonderen Chancen, die andere Einrichtungen nicht haben.
Vertraut war auch noch die Frage, welcher Art die „Heilung" denn ist, die jemand realistisch von der TS erwarten darf, was sie von therapeutischer, gar von „langzeitlicher" Heilung unterscheidet. (Um diese beiden Fragen rankten sich, wenn ich recht sehe, die methodologischen und Identitätsprobleme, die wir in den letzten Jahren erörtert haben.)
Aber mit beiden Fragen befanden wir uns im Thema „Heilung", also gerade nicht im Thema „Heil"! Denn die neuzeitliche Arbeitsteilung hat doch nun endgültig, sogar in kirchlichen Einrichtungen, den alten Zusammenhang von Heilen und Verehrung der Götter auseinandergerissen, wie er im griechischen „therapeuein" noch bewußt war. „Heil" zu vermitteln gilt längst als Sache der Religion, Heilung zu bewirken als Aufgabe von Ärzten, Psychologen und den neuen „helfenden Berufen". Auch in den Kirchen herrscht wie selbstverständlich dieses Bewußtsein: „Heil" ist die Sache der Priester und Prediger, Heilung die der kirchlichen Beratungsstellen, der Krankenhaus- und Telefonseelsorge. Der Schulstreit zwischen der „alten" und der „modernen" Seelsorge, wer denn eher für das eine oder das andere zuständig sei, hat zumindest das Bewußtsein dafür wachgehalten, daß es da einen Zusammenhang gab und vielleicht noch gibt.

3.1 Widersprüchliche Erfahrungen im TS-Alltag

Die alltäglichen Erfahrungen von Telefonseelsorgern und Telefonseelsorgerinnen spiegeln eher das Un-Heil der Lebensverhältnisse der Anrufer und Anruferinnen, als daß sie deren Heilungs-Prozesse registrierten. Vielleicht unterscheidet das diesbezügliche Ungleichgewicht die TS sogar von den meisten anderen Institutionen, in denen es um „Heilen" geht, von Arztpraxen und Krankenhäusern, von Ehe- und Familienberatungsstellen, selbst von Maßnahmen der Drogenberatung, die immer noch einmal die gelungene Überweisung in eine Selbsthilfegruppe registrieren ...
Der TS-Alltag ist dagegen geprägt von der erst- und zumeist einmaligen Begegnung mit Menschen in un-heilen Situationen: verprügelte

Frauen und lallende Alkoholiker und Alkoholikerinnen, Vereinsamte und Verzweifelte, unheilbar Kranke und Suizidgefährdete, mit Menschen, deren Beziehungen und Familien kaputt sind oder zu scheitern drohen ...
Diejenigen, die häufiger anrufen, melden seltener „Heilungs"-erfolge als daß der wiederholte Anruf Teil bzw. Ausdruck der Symptomatik ist: Schlafgestörte und Hysterische, deren Umwelt längst nicht mehr zuhört, chronische Einsame, deren Sozialverhalten sie zu solchen werden ließ, ohne daß sie aus dem Teufelskreis herausfinden, Alkoholiker, die immer beim gleichen „Pegelstand" anrufen, sich anklagen, Besserung geloben oder zutraulich werden.
Die sogenannten „Daueranrufer" und „Daueranruferinnen" gar scheinen eine spezifische TS-Klientel zu sein: Sie weisen nach Schmidt (1987) – statistisch betrachtet – „einen Schwerpunkt auf im Bereich der psychischen Schwierigkeiten, vor allem der depressiven Beeinträchtigungen, der abweichenden sexuellen Verhaltensweisen und im Bereich der Suchterkrankungen, hier vor allem der Alkoholabhängigkeit" (ebd. 23).
Die durchaus originelle Kontroverse um die Frage, ob diese Daueranrufer eher eine institutionelle Pathologie der TS spiegeln (vgl. Schmidt) oder TS gerade im Blick auf deren spezifische Symptomatik ihre einzigartigen institutionellen Chancen, ihr „institutionelles Charisma", entdecken sollte (vgl. Wieners 1988), kann nicht über die Tatsache hinwegtäuschen, daß sie im Alltag der Seelsorger und Seelsorgerinnen jedenfalls keine Erfahrungen von „gelungener Hilfe", von „Heilung" vermitteln. Im Gegenteil: „Wenn wir uns ihnen als notwendiger Teil ihrer Sicherheit entziehen ..., dann kennen wir die Heftigkeit ihrer Wut und die Kränkungen, die wir dann erfahren" (Schmidt 1987, 24). Die subtilen Kränkungen der TS-Mitarbeiterinnen durch die sogenannten „Sexanrufer" können gleichsam als Symbol für eine institutionelle Eigenart der TS gelten, die in der Umkehrung des Machtgefälles besteht, das ansonsten in aller Regel Helfer-Klient-Beziehungen kennzeichnet: die Ohnmacht, das Gefühl, ausgeliefert und manipulierbar zu sein durch das jedermann zu jeder Zeit verfügbare Medium Telefon. In solchen Erfahrungen begegnen Telefonseelsorger und -sorgerinnen, je nach Sensibilität und politischem Problembewußtsein, dann auch Formen über-individueller, gesellschaftlicher Heillosigkeit: der Undurchschaubarkeit des Systems, der

Steigerung der Komplexität anonymer Macht, der zunehmenden Vermarktung und Warenförmigkeit von Beziehungen ... Daß eine kirchliche Einrichtung ungewollt-unversehens in den Grenzbereich der Prostitution geraten ist, mag wie eine Parodie unseres Themas erscheinen: (Was und wen) heilt die TS?

Angesichts des offenkundigen Übergewichts individueller und gesellschaftlicher Un-Heils-Erfahrungen, wie sie den Alltag der TS bestimmen, scheint es um so notwendiger, sich gleichwohl der heil-samen Erfahrungen zu vergewissern und sie ebenfalls zu benennen, die in der gleichen Institution täglich gemacht werden. Wer kennt nicht das „irgendwie" beglückende Gefühl nach einer durchwachten Nacht, nach Nachtschichten gar, von denen man keine weiteren „Erfolge" berichten konnte als allenfalls die Erinnerung, daß da jemand am Ende eines Gesprächs leise vor sich hin geweint hat? Solche Erfahrungen bedeuten vielen Mitarbeiterinnen und Mitarbeitern mehr als das eine oder andere „Danke", als die gelegentliche Bitte um ein weiteres Gespräch, aus der man die Zufriedenheit über das Abgelaufene herauslesen kann.

Solche meist diffusen Gefühle der Zufriedenheit, einer inneren Gewißheit, etwas Sinnvolles getan zu haben, gerade dann, wenn man keinen objektiven Erfolg benennen kann, halten auch der kritischen Frage nach ihren möglichen „Helfersyndrom"-Anteilen stand: Und wenn schon? Was bedeutet das denn, daß ich in der Berater-Situation „auch etwas für mich" bekommen habe? Verbuchen wir solche Erfahrungen eher auf der „Unheils"- oder eher auf der „Heils"-Seite der Wirklichkeit?

Bevor wir den psychologischen und theologischen Zusammenhängen dieser Erfahrungen auf die Spur zu kommen suchen, wollen wir unsere kleine Phänomenologie der TS-Praxis zunächst noch um einige weitere Beispiele ergänzen: um die andere Hälfte gleichsam von Heils- und Unheilserfahrungen, die im TS-Alltag gemacht werden, nämlich im Umgang der Kolleginnen und Kollegen untereinander, näherhin in den Aus- und Fortbildungsgruppen.

In emotional „dichten" Sequenzen von Selbsterfahrungs- und Supervisionsprozessen begegnen Seelsorger und Seelsorgerinnen eher dem heil-samen Teil der TS-Wirklichkeit, auch wenn wir dabei in uns und anderen ebenso Un-heiles zu Gesicht bekommen wie in den Gesprächen am Telefon. Mit Hilfe entsprechender Verfahren und Techniken gelingt es aber immer wieder, das heilende Potential menschlicher Gefühle, Gebärden und Beziehungen zu aktivieren. Wir erleben, daß eine Kollegin in allen Widersprüchen und Wirrnissen ihrer Lebensgeschichte zutiefst „heil" geblieben bzw. geworden ist, ebenso wie wir bei einem anderen erschrocken und betroffen feststellen, wie sehr ihn seine frühe Umgebung in seinem Kern beschädigt hat: Beide aber sind in gleicher Weise aufgehoben in der liebevollen Atmosphäre einer Gruppe, in der sie mit Licht- und Schattenseiten „sein dürfen". Erfahrungen von Unheil, Heil und Heilung liegen oftmals ganz nahe beieinander, durchdringen sich gegenseitig. Wenn man Mitarbeiterinnen und Mitarbeiter fragt, ob die Telefonseelsorge heilt, dann werden sie in aller Regel diese Frage mit Blick auf diese Erfahrungen aus ihrer regelmäßigen Gruppenarbeit bejahen. Aber ebenso schwer dürfte es ihnen fallen, die geheimnisvolle Kraft zu benennen, die diese Heilung bewirkt, erst recht werden sie zögern, die Frage zu beantworten, ob sich dabei „Heil" ereignet in dem Sinn, wie sie diesen alten christlichen Begriff aus Predigten und Religionsunterricht erinnern. Manche werden unsicher, wenn sie begründen sollen, warum wir spontan negativ bewerten, wenn wir von jemandem sagen, er/sie lebe in einer „heilen Welt". Offenbar hängt eine solche Bewertung mit der Wahrnehmung zusammen, daß jemand einen wichtigen Teil seiner Wirklichkeit ausblendet, verleugnet, schönfärbt. Oder wir stellen fest, daß ein Mitarbeiter in den Denk- und Erlebensmustern einer behüteten Kindheit verhaftet bleibt, was ihn dann als Seelsorger eher ungeeignet erscheinen läßt.

So wie zur Basiskompetenz einer Beraterin und eines Beraters gehört, im Laufe der Aus- und Fortbildung – wie es im Jargon heißt – den „eigenen Anteil" an den jeweiligen Problemen zu entdecken, mit denen sie in der Arbeit am Telefon konfrontiert werden, so unbestechlich sicher wissen wir voneinander, daß diejenigen am ehesten beraten, „heilen" können, die selbst an die Grenzen ihrer Existenz geraten sind, sich den Widersprüchen des menschlichen Lebens gestellt, mit Verzweiflung oder gar mit dem Tod gerungen haben.

Dieses Wissen erfahrener Seelsorger und Seelsorgerinnen und Berater und Beraterinnen macht sie denn auch notorisch skeptisch gegenüber Predigern und anderen Religionsdienern und -dienerinnen, die das Wort „Heil" allzu wohlfeil im Mund führen. Sie entwickeln meist ein stabiles Mißtrauen gegenüber allen, die Heil zum verbilligten Preis von Sonntagspredigten herbeireden möchten, gleichsam diesseits der Leidens- und Unheilserfahrungen der Menschen. Solange die hiesige Ausbildungspraxis der Theologinnen und Theologen diese im Grund nur mit Buchwissen versorgt und die Kirchen ihnen gleichwohl gestatten, sich allein aufgrund eines Universitäts-Diploms Seelsorger bzw. Seelsorgerin zu nennen, werden wir auch in der TS immer wieder mit einem Typus von Kleriker oder Superintendent in unseren Entscheidungsgremien und Aufsichtsbehörden leben müssen, die glauben, den Mitarbeiterinnen und Mitarbeitern ein „Mehr" an „religiöser" Verkündigung im Beratungsprozeß zumuten zu sollen.

Aus dem für die hiesige Kirchenpraxis kennzeichnenden Konflikt um den Vorrang der Verkündigung vor der Diakonie, des Wortes vor der Tat rühren auch in der TS-Praxis schmerzliche Erfahrungen von Mitarbeitern und Mitarbeiterinnen, Unheils-Erfahrungen geradezu, auf die viele von ihnen gegenüber allem, was mit „Heil" im religiös-theologischen Sinn zu tun hat, mit Abwehr reagieren. Es scheint mir für unsere Frage notwendig zu sein, auch die diesbezüglichen Erfahrungen noch zu benennen.

Zu deren kirchlich-institutionellem Hintergrund gehört der Streit um das richtige Verständnis von Seelsorge. Besteht deren wichtigster Inhalt in der bedingungslosen Annahme des konkreten Menschen (wie dies z.B. in der sog. klientzentrierten Beratung versucht wird), oder gehört zu „richtiger" Seelsorge notwendig das verkündigende Wort? So lapidar diese Alternative klingen mag, so komplex stellt sich der zugehörige Konflikt in der Praxis dar, und so vehement werden die entsprechenden theologisch-ideologischen Kontroversen geführt.

Nun befinden sich in unseren Kirchen die Anhänger der Wort-„Verkündigungs"-Position — aufgrund geschichtlicher Entwicklungen, die hier nicht nachgezeichnet werden können — in der Regel in den mächtigeren Positionen der Hierarchie, d.h. sie üben die Kontrolle über die diakonischen Einrichtungen (wie z.B. TS) aus, können vorschreiben, daß Beratung in kirchlichen Institutionen bestimmte normative Vorgaben zu berücksichtigen (vgl. katholischerseits z.B. Fragen der Geburtenkontrolle) bzw. eben „auch noch" „Verkündigung" zu betreiben habe. Nach dieser Auffassung besteht die Aufgabe der TS nicht nur darin zu „heilen", sondern — wo möglich — auch noch darin, „Heil" zu verkünden. Viele Mitarbeiterinnen und Mitarbeiter empfinden diese Zumutung nicht nur als fremd, weil unvereinbar mit ihrem Beratungskonzept und ihrem Ethos, sondern auch als mißtrauische Anfrage an ihre Identifikation mit Glaube und Kirche. Mehr noch: Zumeist auch empfinden sie Vertreter der genannten Seelsorge-Konzeption in ihrem Kommunikationsverhalten als inkompetent, zumal in „seelsorgerlichen" Grundsituationen wie Zuhören, Einfühlen, Annehmen. Solange diese fatale Praxis der abendländischen Abspaltung von Diakonie und Verkündigung/Liturgie andauert, so lange werden wir uns schwer tun, unvoreingenommen über „Heil" und „Heilen" in Einrichtungen wie der Telefonseelsorge nachzudenken und zu sprechen.

3.2 Zum Zusammenhang von Heilung und Heil

Wenn wir jetzt gleichwohl den Versuch unternehmen, einige theologische Zusammenhänge zwischen den ur-menschlichen, ur-alten Bemühungen um Heilung und dem, was wir „Heil" nennen, herzustellen, so gehen wir dabei von den eben skizzierten Alltagserfahrungen aus in der Annahme, daß „Heil" nicht „jenseits" solcher Erfahrungen gesucht und gefunden wird, sondern „in" ihnen: sei es als Sehnsucht und Fluchtpunkt, auf den sich unsere Bemühungen um Heilung richten, sei es als Ahnung von einem verlorenen „Ganzen", sei es als geheimnisvoller Zusammenhang, der in konkreten Erfahrungen von Helfen und Heilen aufscheint.
3.2.1 Offenbar tragen wir Menschen in uns eine Art Maßstab für „heil" und „unheil", der unser Erleben begleitet, unsere Selbst- und Fremdwahrnehmung steuert. Es handelt sich dabei offenbar um eine allen Menschen eigene, d. h. von Kulturraum, Religionszugehörigkeit und geschichtlichem Entwicklungsstand unabhängige Grundausstattung des Menschen. Die Theologin Dorothee Sölle identifiziert diesen untrüglichen „Kompaß", diese tiefsitzende Sehnsucht, die uns die verschiedenen Erfahrungen von Un-heil und Heil-Losigkeit als solche wahrnehmen läßt, als das religiöse Bedürfnis schlechthin. „Aber was ist eigentlich der Inhalt dieses religiösen Bedürfnisses? Wonach sehnen sich Menschen? Es ist der Wunsch, ganz zu sein, das Bedürfnis nach einem unzerstückelten Leben. Das alte Wort der religiösen Sprache ‚Heil' drückt genau dieses Ganz-Sein, Unzerstückt-Sein, Nicht-kaputt-Sein aus. Daß die kaputten Typen – und wer rechnet

sich nicht zuzeiten dazu? – den Wunsch haben, ganz zu sein, ist nur verständlich. Es ist zugleich der Wunsch nach einem Leben ohne Berechnung und ohne Angst, ohne äußere oder bereits verinnerlichte Erfolgskontrolle, ohne Absicherung. Vertrauen können, hoffen können, glauben können – alle diese Erfahrungen sind mit einem intensiven Glücksgefühl verbunden, und eben um dieses Glück des Ganz-Seins geht es in der Religion" (Sölle 1976, 167).

Daß diese Sehnsucht, der Wunsch, „ganz zu sein", nicht losgelöst von unseren alltäglichen Erfahrungen, sondern gerade in solchen Erfahrungen der Angst, des Kaputt-Seins, der Heil-losigkeit spürbar wird, macht offenbar die menschliche Grundbefindlichkeit aus, die die christliche Theologie als seine Erlösungsbedürftigkeit bezeichnet. Heil meint dabei jene positive Bestimmung dessen, was – negativ – mit dieser (Erlösungsbedürftigkeit) bezeichnet wird.

3.2.2 Damit rückt die christliche Theologie die in anderen Religionen so oder ähnlich bekannte Sehnsucht nach „Heil-Sein" in einen spezifischen Zusammenhang: den von Schöpfung, Sünde und Erlösung. Das bedeutet für unsere Frage nach dem, was „Heil" eigentlich ausmacht: Heil ist letzten Endes nicht unser Werk, es ist nicht machbar. Es ereignet sich, es kommt auf uns zu, wird uns geschenkt.

Mit dieser theologischen Einsicht kommt dann eine andere in den Blick, die sich bereits in der Ahnung von einem verlorenen Zusammenhang andeutete: dem eingangs erwähnten Zusammenhang von Heil und Heilung und der abendländischen „Arbeitsteilung" zwischen Arzt/Ärztin und Priester samt seinen nachfolgenden Arbeitsteilungen: Verkündigung und Diakonie, Katechese und Seelsorge usw.

Die Spruchweisheit erinnert an diesen – auch alltäglich – „wundersamen" Zusammenhang: medicus curat, natura sanat. Die ärztliche Kunst, das menschliche Bemühen um Heilung bedarf der notwendigen Ergänzung durch die Heilkräfte der Natur. Diese uralte Weisheit droht nicht nur der modernen naturwissenschaftlichen Apparate-Medizin verlorenzugehen, sondern in ihrem Gefolge auch vielen anderen „Heilungs"-Bemühungen. Von diesen Wandlungsprozessen des kollektiven Bewußtseins scheint mir auch die christlich-kirchliche Beratungs-, Seelsorge- und Therapie-Praxis nicht ausgenommen. Der „Gotteskomplex" der universalen Machbarkeit äußert sich nicht nur in den verschiedenen Facetten der Verleugnung/Verdrängung des

Todes in unseren hochentwickelten Gesellschaften, er manifestiert sich tagtäglich in den vielfältigen Formen zwischenmenschlicher Hilfe, in den geheimen oder offen proklamierten Zielen von Beratung und Therapie, in den entsprechenden Bewußtseinsformen von Sozialarbeitern und Sozialarbeiterinnen und Telefonseelsorgerinnen und -seelsorgern: „Wir schaffen das."

Die Einsicht, daß Heil *nicht machbar* ist, muß ja nicht bedeuten, unsere Anstrengungen um immer bessere Methoden des Heilens zu lassen, meint nicht, die Hände in den Schoß zu legen angesichts der Heillosigkeit unserer Verhältnisse, sie kann nicht heißen, der ohnehin drohenden Resignation und Apathie angesichts von Umweltzerstörung, Drogenschwemme und kollektiver Selbstvergiftung der Menschheit gar eine theologische Begründung zu liefern. Wohl aber scheint eine kollektive Neubesinnung auf den geheimnisvollen Zusammenhang von Heil und Heilung dringend notwendig, wenn nicht der Mythos universeller Machbarkeit die allgegenwärtige „Krise des Helfens" (Steinkamp 1988 D) weiter verschärfen soll.

3.2.3 Der „wundersame" Zusammenhang von Heil und Heilung zeigt sich schließlich bzw. deutet sich in bestimmten zwischenmenschlichen Grunderfahrungen an, die hier noch eigens erwähnt werden sollen, weil sie für die Praxis der TS von besonderer Bedeutung zu sein scheinen.

Ausgehend von den oben erwähnten Erlebnissen in Selbsterfahrungsgruppen und Supervisionsprozessen stellt sich die Frage, wie jene „zweifel-losen" Glückserfahrungen (der scheinbar erfolglosen Nachtwachen, der stummen Umarmung, des erlösenden Weinens usw.) theologisch zu deuten sind (wenn sie denn überhaupt dieser Deutung bedürfen, um „gültig" zu sein!). Der zwischenmenschliche Grundgestus von Geben und Empfangen, Schenken und Sich-beschenken-lassen kann ebenso als heil-sam erfahren wie er bis zur Heil-losigkeit deformiert werden kann. In eher intakten Familien lernen Kinder vom ersten Tag an Geben und Nehmen als ebenso selbstverständlich wie notwendige Gesten und Akte der Verbindung untereinander, wobei dieser Lernprozeß in dem Maße als gelungen gelten kann, wie Heranwachsende die anfängliche Einseitigkeit des Nehmens allmählich in die Wechselseitigkeit von Geben und Nehmen überführen.

Nun unterliegt dieser Lernprozeß bekanntlich in allen Familien mehr oder weniger großen Abweichungen von der Idealnorm. Wo an die

Stelle einer liebevollen und Freiheit schaffenden Atmosphäre Zwang und Unterwerfung treten, geraten Geben und Nehmen zu deren meist unbewußten Vehikeln, werden für andere Ziele verzweckt: Ich gebe dir, damit du mir gibst ist noch die gelindeste und akzeptierteste Spielart solcher Verzweckung. „Ich gebe dir, ohne Gegengabe zu erwarten", kann ebenso eine reife wie eine verdeckt sado-masochistische Variante darstellen, die sich dann als solche enttarnt, wenn sie die Botschaft transportiert: „Ich beschäme dich durch mein immer selbstloses Geben" bzw. „Du gibst mir nie, und also bist du ein undankbarer Mensch". In der aggressiven Redensart „Ich werde dir helfen" drückt sich eine weitere bekannte Variante aus: Geben bzw. Helfen als Form der Dominierung bzw. Unterwerfung des Partners/der Partnerin. Von dieser Variante sind – wenngleich oftmals unbewußt – Rolleninterpretationen in Zusammenhängen der sog. „helfenden Berufe" beeinflußt: Helfen als verkappte Form der Machtausübung. Die Professionalisierung des Helfens scheint zu einer zunehmenden Deformation des Grundgestus von Geben und Nehmen dadurch beizutragen, daß sie die Rollen des/der Helfenden immer mehr formalisiert und damit zementiert, mit dem Effekt, daß sich Angehörige solcher Berufe – samt ihrer Heerscharen von ehrenamtlichen Mitarbeitern und Mitarbeiterinnen – mehr und mehr als „geborene Helferinnen und Helfer" verstehen, d. h. ihre eigene Hilfebedürftigkeit zu vergessen neigen.

Vor dem Hintergrund solcher familiärer bzw. professioneller Entartungen des Geben-Nehmen-Zusammenhangs werden gelungene Erfahrungen von Schenken und Empfangen als heil-sam erlebt. Für manche Menschen ist das Bewußtwerden der Tatsache, daß Teilen von Sympathie und Zuwendung, von Zärtlichkeit und Körperkontakt, wie sie es in entsprechenden Gruppen praktizieren, nicht deren Minderung, Halbierung u. ä. bedeutet, sondern daß solches Teilen „mehrt", geradezu ein zeitgenössischer Zugang zum alten christlichen „Wunder" (z. B. der „Brotvermehrung"). Die Theologin Elga Sorge hat solche Erfahrungen in eine (feministisch-)theologische Sprache gebracht: „Glückselig sind, die erfahren, daß Geben und Empfangen dasselbe sind: sie haben das Geheimnis des Lebens verstanden" (Glück-Selig-Preisung 5) (zit. nach Williamson 1989, 40).

Wenn wir „Geheimnis des Lebens" als ein anderes Wort für „Heil" ansehen, dann läßt diese Interpretation den Schluß zu, daß wir

„Heils"-Erfahrungen vor allem auch in gelingenden zwischenmenschlichen Begegnungen machen können. Diesen Zusammenhang von Heil und Heilung veranschaulichen im übrigen die im Neuen Testament erzählten Heilungsgeschichten des Wanderpredigers aus Nazareth. „Sie zeigen uns ja nicht, wie das so oft aufgefaßt worden ist, den großen Wunderheiler oder gar Zauberer, der nach Belieben ein Gebrechen beseitigen konnte...", vergewissert sich H. Grewel (1989, 393) theologisch der heils-haften Bedeutung der Heilungen Jesu: „Überdies bezeichnete die körperliche Schädigung oder Störung in der Regel gar nicht die eigentliche Not, von der ein Mensch geheilt zu werden bedurfte. Offenbar hatte Jesus den ganzen Menschen im Blick. Sein Heilungsimpuls zielte auf Störungen in den Lebensbeziehungen von Menschen, die allein nicht zurechtkamen (in ihrem Verhältnis zu sich selbst, zu ihren Mitmenschen, zu ihrem Gott" (ebd.).
Eine solche Besinnung auf den theologischen Kern der heilenden Praxis Jesu könnte weitreichende Konsequenzen für heutige kirchliche (Beratungs-, Seelsorge-, Diakonie-)Praxis haben: für den in ihr – wenn sie denn um ihre christliche Identität bemüht ist – da und dort mindestens doch aufscheinenden und zu bezeugenden, wenn denn schon nicht machbaren und nachweisbaren Zusammenhang von Heilen und Heil.

3.3 „Heilt" Telefonseelsorge, vermittelt sie Heil?

Im Blick auf die Praxis der TS ergeben sich aus den bisherigen Überlegungen zunächst zwei weitergehende Fragen:
– Gilt der Zusammenhang von Heil und Heilen auch für die täglichen Gespräche am Telefon? Und wenn ja, wie zeigt sich das konkret?
– Hat TS – wenn der behauptete Zusammenhang von Heilen und Heil besteht – dann nicht doch eine „religiöse", d. h. Heil vermittelnde Funktion (und nicht nur eine heilend-therapeutische)?

3.3.1 Telefonseelsorge als „Heils"-Angebot

Wenn jeder konkrete Akt des „Heilens", d. h. auch jede Form von Beratung, Hilfe, Zuwendung zum Menschen in Not, einen (bewußten oder unbewußten, intendierten oder nicht intendierten) zumindest möglichen Bezugs- und Fluchtpunkt in unserer Ahnung von „Heil" hat, dann gilt das natürlich auch für die Arbeit der TS. Bevor wir nach den daraus folgenden Konsequenzen für die alltägliche Praxis fragen, bedarf es vorab noch einer weiteren Vergewisserung.

Was wir vorher über den (verlorenen) Zusammenhang von Heil und Heilung gesagt haben (vor allem im Blick auf die Verengungen und Verirrungen des Heilungs-Verständnisses), gilt natürlich auch im Blick auf unser religiös-theologisches Verständnis von Heil: es gibt kein von konkreten Erfahrungen und Prozessen des Heilens abgelöstes Heil. Die folgenlose, wirklichkeitsferne Rede der Sonntagsprediger und -predigerinnen vom („jenseitigen") Heil hat nicht nur sich selbst inflationiert und unglaubwürdig gemacht, sie hat auch einen zentralen Inhalt der christlichen Lehre verraten, wie er im Symbol von der „Auferweckung des Leibes" bewahrt ist: Wir Christen und Christinnen erhoffen „Heil" für den ganzen Menschen, nicht nur für seine Seele. Das bedeutet auch, daß jede „Heils"-Verkündigung sich durch ihr („heilendes") Handeln ausweisen, zumindest eine entsprechende Intention erkennen lassen muß.

Für die TS – und an ihrer Praxis exemplarisch auch für andere christlich-kirchliche Praxis veranschaulicht – bedeutet das: Ihre Mitarbeiterinnen und Mitarbeiter müssen nicht (auch noch) „predigen" während ihres Telefondienstes; es geht (jedenfalls nicht zunächst und auch nicht im normalen Alltag der Beratung) darum, von „Heil" zu *reden,* sondern dieses durch eine glaubwürdige Praxis zu *bezeugen.* Für eine solche glaubwürdige christliche Praxis besitzt nun die TS – so behaupte ich – überraschend positive institutionelle Voraussetzungen, und zwar genau dann, wenn sie ihre institutionellen Grenzen als Chancen zu begreifen vermag. Die erste und wichtigste dieser Chancen heißt: „TS kann nichts machen." Die Mitarbeiter und Mitarbeiterinnen stehen dem Anrufer/der Anruferin relativ hilflos gegenüber: Er/sie kann Beginn und Ende des Gesprächs bestimmen, jederzeit aus jeder Laune heraus anrufen, wenn er/sie mag, willkürlich sadistische Impulse an der jeweiligen Nachtwache ausagieren.

Den TS-Mitarbeitern und -Mitarbeiterinnen steht – im Gegensatz z. B. zu ihren Kolleginnen und Kollegen von der Drogenberatungsstelle oder der Eheberatung – keine Möglichkeit zur Verfügung, auf einen Kontrakt zu dringen. Sie haben – im Vergleich zu anderen Beraterinnen und Beratern – „nichts in der Hand", um ein Arbeitsbündnis mit dem/der Hilfesuchenden herzustellen. Sie haben nur begrenzte Möglichkeiten, Dauer und Zeitspanne der Beziehung zum Anrufer/zur Anruferin mitzubestimmen: ein institutionelles Defizit, dessen Ausmaß unter Gesichtspunkten von „Heilung" geradezu grotesk erscheinen muß!

Aber in dieser strukturellen Ohnmacht liegt zugleich eine große Chance: TS kann geradezu als ein Symbol des „Heilsangebots" Gottes gelten, das sich dem Menschen nicht aufdrängt, seine Freiheit respektiert, ohnmächtig ist wie Gott selbst, dessen einzigartiges Heilsangebot, den Jesus von Nazareth, die Menschen schließlich umgebracht haben. Dieses Symbol des machtlosen „Angebots" (dem sein Wissen und Selbstbewußtsein von der Nicht-Machbarkeit von Heilung und Heil allein durch das Medium Telefon tagtäglich vor Augen steht) wiederholt sich in der macht- und absichtslosen Methode des Zuhörens, Spiegelns, des möglichst nichtwertenden Annehmens der Gefühle des Anrufers/der Anruferin usw.

Von „gezielter", das Wissen um die Bedingungen und Notwendigkeiten einer Heilung in einzelne methodische Schritte umsetzender Strategie kann dabei eigentlich keine Rede sein. Telefonseelsorgerinnen und -seelsorger könnten sich – leichter als ihre Kolleginnen und Kollegen – vom Wahn der Machbarkeit einfach dadurch befreien, daß sie aus der Not ihrer institutionellen Ohnmacht eine Tugend machten.

Freilich ist das leichter gesagt als getan! Und es könnte zu verheerenden Mißverständnissen führen. TS-Mitarbeiter und -Mitarbeiterinnen unterliegen ja nicht nur den üblichen Helfer-Versuchungen wie alle anderen. Sie müssen sogar – und das macht die Paradoxie ihrer alltäglichen Arbeit aus – so gut wie möglich „heilen", so, als hinge von ihrem Bemühen, ihrer Kompetenz alles für den Ratsuchenden ab. Anders gesagt: Die aus der Not der strukturellen Ohnmacht gewonnene Chance der „Heils"-Verkündigung darf wiederum nicht zu deren „naiver" „Abkoppelung" vom konkreten Prozeß des Helfens führen. Telefonseelsorger und -sorgerinnen dürfen sich von ihrer Ohnmacht gerade nicht dazu verleiten lassen, das immer notwendige Bemühen um fachlich qualifizierte Beratung zu vernachlässigen! Heilen und helfen, als hinge alles von unserer Kompetenz ab – und gleichzeitig in dem Bewußtsein arbeiten, daß es nicht in unserer Hand liegt, ob und wieviel Heilung sich ereignet: Ich kenne keine andere Institution, in der der mysteriöse Zusammenhang von Heil und Heilung so anschaulich und erfahrbar werden kann wie in der TS, wenn ihre Mitarbeiter und Mitarbeiterinnen denn bereit sind, diese religiöse Chance ihrer Beratungs-Praxis wahrzunehmen.

3.3.2 Die Armen: ‚gesellschaftliche Sakramente' (Casalis)

TS als Symbol des „ohnmächtigen Heils-Angebots", das Menschen in Not, wenn sie es denn als Symbol „lesen" und „verstehen" können, sagt: du kannst jederzeit zugreifen, Heil kann sich in jedem Augenblick ereignen, selbst wenn es keine Heilung gibt, im Augenblick nicht, vielleicht überhaupt nicht ...

Ob ein solches symbolisches Angebot „ankommt", ob jemand im Augenblick der Verzweiflung nach dem letzten Strohhalm (dem Telefonhörer) greift und in diesem Hoffnungsakt womöglich selbst den wichtigsten Schritt zu seinem „Heil" macht: das alles liegt nicht mehr in der Macht der TS-Mitarbeiter und -Mitarbeiterinnen. Aber dennoch liegt darin eine große Chance der TS, den wichtigsten Aspekt des christlichen Heils-Verständnisses zu symbolisieren: daß es uns, ohne daß wir es verdienen oder machen können, geschenkt wird, wann immer wir uns dafür öffnen. Das ist die *eine Seite:* TS als „Vermittlerin", als Symbol von Heil („für die Anrufer und Anruferinnen").

Die *andere Seite* ist ebenso wichtig: TS als Ort, an dem sich Heil ereignen kann: für die Mitarbeiterinnen und Mitarbeiter. Um das zu verdeutlichen, greifen wir auf das zurück, was wir über den geheimnisvollen Zusammenhang von Geben und Nehmen gesagt haben.

George Casalis hat einmal gesagt, daß „nach der Himmelfahrt die Armen die wahren Vertreter Jesu, seine ‚gesellschaftlichen Sakramente'" (zit. bei Bach 1990, 120) sind. „Ihn lieben, auf ihn hören, ihm dienen heißt: sie lieben, auf sie hören, ihnen dienen" (zit. nach Bach). Dieser Gedanke, der ja nur eine Aktualisierung der Pointe der alten Samariter-Erzählung darstellt, kann einen weiteren Hinweis auf eine Möglichkeit geben, wie wir „heil werden" können in der TS, die ihr Selbstverständnis von „Helfen" ja bekanntlich aus jener Samariter-Tradition (und nicht nur der der Londoner samaritans des Chad

Varah) herleitet. Erinnern wir uns (Lk 10.25 – 37): Da fragt ein Religions-Experte(!) Jesus, was er tun müsse, um „Ewiges Leben" zu erlangen. Es ist genau die gleiche Frage, die uns hier beschäftigt: Was ist eigentlich Heil? Wie kann man Heil erfahren, heil werden? Statt ihm „theologisch" zu antworten, d. h. mit Begriffen, Formeln, Definitionen u. ä. erzählt ihm Jesus die bekannte Geschichte: von dem damals recht alltäglichen Fall, daß jemand unterwegs ausgeraubt und halb totgeschlagen wird, daß da Religionsdiener vorbeigehen und wegschauen, daß dann schließlich ein Fremder vorbeikommt und zupackt, weil ihn der Überfallene anrührt ...
Wir haben sie hundertmal gelesen und gehört, als TS-Mitarbeiter und -Mitarbeiterin uns mit dem Samariter oder dem Herbergswirt identifiziert, im Leviten und Priester vielleicht bestimmte Typen „wiedererkannt", mit denen wir „Zweitrangigen", „Hilfsarbeiter" und „Hilfsarbeiterinnen" es auch heute noch in der Kirche zu tun haben, uns ein wenig aufgewertet gefühlt mit unserer diakonischen Arbeit usw. Vielleicht sogar ist vielen von uns an der Geschichte so wichtig geworden, daß „Gott" in ihr nicht vorkommt: die absichtslose Zuwendung zum Armen und Notleidenden hat ihren Sinn in sich selbst, ohne daß von Gott und Heil die Rede ist. Das ist „unsere" Geschichte ...
Für unsere Frage nach dem Zusammenhang von Heil und Heilung steht ihre Pointe bekanntlich in der sog. „Rahmenerzählung", und zwar eine doppelte Pointe:
– Auf die Frage, was er tun müsse, um „Heil" zu gewinnen, fragt Jesus ihn zurück, was er denn – als „Experte", als Schriftgelehrter – über die Frage gelernt habe. Der Mann zitiert Gebote, das Gesetz. Theoretisch, theologisch ist die Sache klar. Der folgende lapidare Satz Jesu zeigt jedoch, wo das eigentliche Problem liegt: *Tu das ...*
Wir sind mitten in unseren heutigen Kontroversen: Heils-Worte, Heils-Theorien sind wertlos ohne das entsprechende Handeln! Nur die glaubwürdige heilende Praxis ist der „Ort", wo Heil erfahren werden kann! Die Position Jesu ist klar.
– Aber – und das ist die zweite Pointe der Geschichte – was ist „richtige" Praxis des Helfens? Die Frage „wer ist denn mein Nächster?" ist die rechthaberische Frage des „Experten" – und spätestens an dieser Stelle müßten wir TS-Experten und -Expertinnen uns ertappt fühlen! Das ist genau unsere Frage: Daueranrufer?, Sexualan-

rufer? die nächtlichen Säufer?, die mit den Schlafstörungen? (vgl. Weimer 1984). Jesus dreht dem Mann seine Frage geradezu im Mund herum: „Wer ist dem zum Nächsten geworden, der unter die Räuber gefallen war?" Das ist eine ganz andere Frage! Sie führt zur eigentlichen Pointe der Erzählung: Der Samariter ist der Beschenkte! Der Helfer/die Helferin erfährt in der entscheidenden Situation „ewiges Leben", „Heil" ... Das stellt unsere menschlichen Denkmuster und Plausibilitäten auf den Kopf: Der Gebende ist zugleich der Beschenkte. Selbst den Tatbestand, daß er zupackt, daß er doch schließlich „ethischer" als der Priester und der Levit gehandelt hat, kann er nicht als sein Verdienst verbuchen. „Es ging ihm durch und durch", wie eine neuere Übersetzung (der Basisbibel) heißt, bedeutet doch: Wenn mich das Leid eines Menschen anrührt, so daß ich zupacke, dann widerfährt mir „Heil", selbst schon der Impuls zum Helfen – in diesem „heils"-relevanten Sinn – ist nicht nur mein Werk, sondern bereits Widerfahrnis, Geschenk „des Himmels". Im Armen, im Anrufer/in der Anruferin ein „gesellschaftliches Sakrament" sehen zu lernen, könnte die zweite wichtige Spur sein, wie wir in der TS „heil werden" können!

Dabei geht es nicht um eine neue Norm, eine noch größere, gar eine „religiöse" Anforderung, noch besser, zugewandter als bisher den Dienst zu tun. Genau darum geht es nicht, das wäre das schlimmste Mißverständnis der Samariter-Erzählung! Das wäre ja wieder: Machen. Leistung. Es geht um ein neues Bewußtsein von den alltäglichen Möglichkeiten, wie in der Praxis der TS „Heil" erfahren werden kann, wie *wir* Mitarbeiterinnen und Mitarbeiter „heil werden" könnten.

3.3.3 Telefonseelsorge als „heilende Gemeinde"?

Der Theologe Ulrich Bach hat vor einiger Zeit mit seinem Buch „Heilende Gemeinde?" (1988) den „Versuch, einen Trend zu korrigieren" (so der Untertitel), unternommen, dessen These auch für unseren Zusammenhang wichtig sein könnte. Mit kritischem Blick auf die neuerdings beliebte Formel von der „heilenden Gemeinde" unterscheidet er darin zwei verschiedene Bedeutungen von „Heilen" (vgl. ebd. 11):
a) „‚Heilen' im engeren Sinne: Vorausgesetzt ist ein klar benennbar körperlicher oder seelischer Schaden, der entweder ‚von selbst' oder

durch die ‚Kunst' eines medizinischen Fachmanns oder durch ein übernatürliches Einwirken beseitigt oder entscheidend gemindert wird.

b) ‚Heilen' im weiteren Sinne: Vorausgesetzt ist ein allgemeines Unwohl-Sein, das den Körper, die Seele, die Stimmung, die soziale Situation, den Charakter und vieles andere betreffen kann; mit ‚heilen' ist hier gemeint: dem Betreffenden (den Betreffenden) tut es gut, in solcher Situation nicht allein zu sein, sondern von anderen angenommen, ernstgenommen zu werden; ausschlaggebend ist hier nicht, daß ein benennbarer Schaden repariert wird (der liegt oft gar nicht vor), sondern daß Geborgenheit vermittelt wird" (ebd. 11).

Vermutlich sind in der TS beide Begriffe von Heilen geläufig: Der erste spielt in der Beziehung zu den Anrufern und Anruferinnen die wichtigere Rolle, der zweite ist in den Beziehungen der Mitarbeiter und Mitarbeiterinnen charakteristisch. Die Polemik des bisweilen militanten körperbehinderten Pfarrers U. Bach richtet sich gegen ein in unseren normalen Gemeinden naiv-unreflektiertes Verständnis von „Heilen" im erstgenannten Sinn, gegen ein unter sogenannten „Gesunden" weitverbreitetes Bewußtsein, Leiden, Behinderung seien prinzipiell zu heilen, ein(e) lebenslang körperlich oder geistig Behinderte(r) jedenfalls entspreche nicht dem Willen Gottes. Dagegen setzt er sein Gemeindebild von einem geschwisterlichen Miteinander, in dem jeder irgendwie auf den anderen angewiesen ist, und identifiziert gerade in einem Glauben an einen gemeinsamen Vater, das Wesen christlicher Gemeinde: „... denn dann gehören die Gaben, Fähigkeiten, Kräfte (*und* Bedürfnisse) der ‚Starken' wie die Einschränkungen, Belastungen (*und* Begabungen) der ‚Schwachen' uns allen miteinander: Wir ‚schmeißen zusammen' im Vertrauen auf den uns allen väterlichen Gott, daß es für uns miteinander schon reichen wird" (ebd. 73).

Diese theologische Vision einer Gemeinde, die ja nach christlichem Verständnis ihrerseits nicht ein Produkt unserer Anstrengung, unserer Fähigkeiten allein, sondern letztlich auch ein Geschenk ist (und somit „heil-sam"), stellt eine doppelte Herausforderung an die TS-Mitarbeiter und -Mitarbeiterinnen dar:

– Auf jeden Fall könnte die zweite Bedeutung von „Heilen" ein ständiger heil-samer „Stachel im Fleisch" des Routine-Alltags sein in dem Sinn, daß wir uns daran immer neu der Versuchung bewußt werden, daß unser Heilen zum Helfersyndrom u. ä. verkommen kann. Für die Gruppenarbeit könnte der Satz U. Bachs als Leitwort gelten: „Gegen diese (erg.: am Leib-Christi-Symbol orientierte) Gemeinschaft versündigt sich jeder, der zwar helfen, aber sich nicht helfen lassen will" (ebd. 19).

– Ob darüber hinaus die Idee der „heilenden Gemeinde" (wiederum im Sinn der entsprechend „weiten" Bedeutung von „Heilen") einzelne TS-Einrichtungen, d. h. die Gesamtheit der dort tätigen Seelsorger und Seelsorgerinnen, so in Bewegung zu setzen vermag, daß sie eben darin einen spirituellen Weg sähen, miteinander „heiler" zu werden in einem auch religiösen Sinn, wäre m. E. zumindest der Diskussion und Überlegung in jeder einzelnen TS-Einrichtung wert.

Ob eine solche „Gemeinde" sich dann eher von der Bibel inspirieren ließe oder intensive zwischenmenschliche Erfahrungen (auch) religiös deuten würde (z. B. im Sinne der Theologie des „Zwischen" M. Bubers), oder ob sie aus dem spirituellen Reichtum östlicher Traditionen (Zen, Yoga, Tai-chi u. ä.) schöpfen, sich „Heil-sames" aus dem Umkreis der zeitgenössischen Esoterik leihen würde, wäre dann m. E. eine zweitrangige Frage: Entscheidend wäre wohl die immer neue Erfahrung, daß Heilen und Heil-Werden untrennbar zusammengehören, wenn immer wir aufhören, alles „machen" und „haben" zu wollen, wenn wir die Möglichkeit zulassen, beschenkt zu werden aus der „Wirklichkeit hinter der Wirklichkeit".

4. Diakonische Gemeinde

Wenn man die Diskussion der letzten 15 Jahre über die Programmatik der „diakonischen Gemeinde" zwischen-bilanzierend betrachtet, so springen zwei Tatsachen ins Auge, die sich zu widersprechen scheinen:
– Die wohl meistzitierten Schlagworte in diesen Diskussionen waren J. Moltmanns berühmte Postulate von der „Diakonisierung der Gemeinde" bzw. der „Gemeindewerdung der Diakonie" (Moltmann 1984, 36). Wer immer sie zitierte, konnte breitester Zustimmung sicher sein. Ähnliches gilt in bezug auf E. Langes Formel von der „Kirche für andere" (Lange 1981, 177): Auch sie löste in der Regel einen fast atemberaubenden Konsens aus, und zwar gerade auch in solchen volkskirchlichen Milieus, in denen es ansonsten notorisch kontrovers zugeht.
– Der breiten Zustimmung zur Programmatik der „diakonischen Gemeinde" folgte freilich keineswegs eine entsprechende Veränderung der parochialen Praxis. Ohne die vielen Initiativen da und dort geringzuschätzen, wird man aufs Ganze der hiesigen lokalen Gemeindepraxis gesehen nicht von einem großen diakonischen Aufbruch sprechen können.
Wie so oft war es Ulrich Bach, der Unbestechliche, der den Widerspruch gegen die Über-Plausibilität der „diakonischen Kirche" artikulierte und damit gleichzeitig eine Fährte andeutete, auch den anderen schärfer wahrzunehmen: „‚Diakonische Kirche' ist nicht eine Größe, die wir ‚im Grunde' doch alle wollen", schrieb er 1988 B (332). „Oh nein, diakonische Kirche hat zu tun mit: gegen seinen eigenen Willen sich einen Weg führen lassen; hat zu tun mit Buße ..." (ebd.). Den offenkundigen Widerspruch zwischen den beiden Fakten – dem verdächtig großen Beifall und der praktischen Folgenlosigkeit der Programmatik der „diakonischen Gemeinde" – besser zu verstehen, wollen die folgenden Überlegungen versuchen. Die Frage nach den empirischen Bedingungen und Möglichkeiten „gemeindlicher Diakonie" erneut aufzugreifen bedeutet, noch präziser nach den Subjekten (solcher Diakonie) zu fragen, nach ihren Bewußtseinsformen, schließlich nach ihren Motiven, theologisch: nach ihrer Hoffnung.

4.1 Diakonie als „kollektives Helfersyndrom"?

Die breite Zustimmung zur Programmatik einer „Kirche für andere" bzw. einer „diakonischen Gemeinde" läßt sich so (d. h. in diesem unerwartbar hohen Konsens: natürlich sind diese Formeln auch theologisch und rational zustimmungsfähig!) nur erklären – so meine erste These –, weil sich hinter dieser Zustimmung eine Form entfremdeten Bewußtseins verbirgt, die Ähnlichkeit mit der des sog. „Helfersyndroms" hat.

Die zeitgenössische Art der Teilnahme am „Leben" der volkskirchlichen Gemeinde vollzieht sich in den Bewußtseins- und Handlungsformen von Dienstleistungsempfang, Mitgliedschaft und Aktivität. Die allgemeinste, statistisch verbreitetste Weise der Zugehörigkeit zur Volkskirche gestaltet sich nach dem Muster der „passiven Mitgliedschaft": Man zahlt Kirchensteuer, wird dadurch gelegentlich an diese Mitgliedschaft erinnert – wie bei der „Barmer" oder beim ADAC – und nimmt die entsprechenden Leistungen der Kirche dann in Anspruch, wenn man dies für angezeigt hält: Taufe, Hochzeit, Beerdigung; seltener den Sozialdienst oder das kirchliche Altenheim. Diese Bewußtseinsform als „Taufscheinchristentum" zu charakterisieren ist nicht nur ungerecht (weil die Leute diese Form von Mitgliedschaft und Service-Empfang in dieser Gesellschaft von Kindheit an lernen), sondern auch scheinheilig, weil die Volkskirche dieses „Muster" mitspielt und davon profitiert (wie die „Barmer" von gesunden bzw. der ADAC von unfallfreien Mitgliedern).

Daß solche Menschen liebevolle Familienmitglieder und hilfsbereite Nachbarn sind, kann man im Einzelfall annehmen; daß sie als Christen und Gemeindemitglieder diakonisch tätig werden, ist eher unwahrscheinlich. Warum sollten sie auch? Dies von ihnen zu erwarten wäre ähnlich, als wenn man von dem „Barmer"-Mitglied erwartete, daß es als solches ehrenamtlich Kranke pflegt. (Umgekehrt wäre es absurd, wenn sich die AOK nachbarschaftliche Hilfsbereitschaft als ihr Verdienst anrechnen würde!)

Von der beschriebenen Form der passiven bzw. formalen (vgl. Volz 1990) Mitgliedschaft ist eine „vereinsmäßige" zu unterscheiden. Diese wird bewußtseinsmäßig der Mitgliedschaft z. B. in Sportvereinen oder politischen Parteien vergleichbar erlebt bzw. definiert. In entsprechenden empirischen Untersuchungen wird sie – nicht unproblematisch – durch „häufigen Kirchenbesuch" operationalisiert (vgl. ebd. 256). Im landläufigen Bewußtsein dieser Gruppe (und übrigens auch von Pfarrern, Religionssoziologen u. a. Professionellen) gilt diese Weise der Beteiligung am kirchlichen Leben als die „normale", wünschenswerte, jedenfalls nicht als defizitäre. Aber auch zu ihr gehört nicht per definitionem: diakonisch aktiv zu sein.

Von welchen Subjekten also sprechen wir, wenn wir von Diakonie der Gemeinde sprechen?

Bleiben die „Aktiven": Mitglieder wohltätiger Vereine, von Kranken- und Hausbesuchskreisen, Kinderbetreuung, Schularbeitshilfen usw. Sie machen zahlenmäßig nur einen Bruchteil derjenigen 14 % bzw. 22 % Kirchenmitglieder aus, die sich laut Zweiter EKD-Umfrage (vgl. Hanselmann u. a. 1984) als „sehr verbunden" bzw. „ziemlich verbunden" (Volz 1990, 259) mit der Kirche einschätzen. Ob diese Gruppe deckungsgleich ist mit der Sonntagsgottesdienst-Kerngemeinde, oder ob es sich um eine bewußtseins- und motivationsmäßig davon zu unterscheidende Gruppe von Mitarbeitern handelt (wofür einige unsystematische Beobachtungen sprechen), kann hier zunächst offen bleiben. Wichtiger erscheint mir, auf dem Hintergrund der vorangegangenen Differenzierung der Mitgliedschaftstypen, zu unserer Ausgangsfrage nach dem „atemberaubenden Konsens" zurückzukommen und ihn zu interpretieren.

Meine Vermutung lautet, daß er sich aus zwei ganz unterschiedlichen Motiven speist: aus der „Mäzenen"-Attitüde des durchschnittlichen volkskirchlich-distanzierten Kirchenmitglieds und dem „depressiven Syndrom" der „Kerngemeindlichen". Mit „Mäzenen-Mentalität" meine ich eine bestimmte Bewußtseinsform einer nicht unbeträchtlichen Mehrheit der von der Zweiten EKD-Umfrage erfaßten Kirchenmitglieder, die von der Kirche erwartet, daß sie Alte und Gebrechliche betreuen, sich um die Kinder und Jugendlichen kümmern solle (vgl. Hanselmann u. a. 1984, 44): „Die Mehrheit ist darin sicher, daß die Kirche vor allem da ist für die, die sie in irgendeiner Weise als Hilfe oder Stütze ‚brauchen'. Sie soll dasein für die, die dem Ideal des berufstätigen Erwachsenen nicht mehr oder noch nicht entsprechen können" (ebd.).

Diese Erwachsenen, Berufstätigen, gleichsam „normalen Erwachsenen", glauben, Kirche nicht für sich selbst zu benötigen, weil sie „allein zurechtkommen": Aber sie bleiben dennoch Mitglieder der Kirche, weil sie deren „diakonischen Sinn" anerkennen und daher diese Sozialeinrichtung durch ihren Mitgliedsbeitrag finanzieren helfen („Mäzenentum"). Auch diese Bewußtseinsform gilt es zunächst als Realität wahrzunehmen, sie nicht zu diffamieren, selbst dort nicht, wo sie sich als heimliches Versicherungskalkül entlarven würde: Auch das ist in unseren Breitengraden seit früher Jugend eingeübt. Nur: Diese Bewußtseinsform und Einstellung als „diakonische Option" zu interpretieren, erscheint mir sehr problematisch! „Von diesem Standpunkt aus betrachtet stellt die Kirche eher etwas für ‚die anderen' dar, für solche Gruppen und Menschen, von denen man sich in der eigenen Vorstellung gerade abhebt", interpretieren auch die Autoren der genannten Studie (vgl. ebd. 44).

Diese Mentalität stellt, wenn schon nicht im psychologischen Sinne, so doch in einer bestimmten theologischen Interpretation, eine entfremdete Bewußtseinsform dar, von der U. Bach sagt: „‚Selbständigkeit' ist der Name eines ... Götzen, der uns in seinen Klauen hält ... Paulus behauptet, der Satz ‚ich bedarf dein nicht' (1 Kor 12, 21), sei ein gottloser Satz, der dem ‚Leib Christi' völlig unangemessen sei" (Bach 1988 B, 331). Wo solche „Selbständigkeit" gar die Kehrseite bürgerlicher Vereinzelung darstellt, kann man in einem analogen Sinn durchaus von „Helfersyndrom" sprechen: „Solange die alltägliche Isolierung der Gemeindemitglieder voneinander nicht aufgehoben wird, wird es keine Erfahrung der Gemeinde geben und auch keine Diakonie in der Gemeinde", hatte J. Moltmann 1977 hellsichtig auf jenes falsche Bewußtsein aufmerksam gemacht (Moltmann 1984, 37). Das gilt allerdings in einem auch psychologisch noch unzweideutigeren Sinn von jener anderen Gruppe von „Kerngemeinde"-Christen, die die Ahnung von ihrem lautlosen Schrumpfungsprozeß, die Ahnung von der zunehmenden Bedeutungslosigkeit von Kirche und Gemeinde (unbewußt) in eine „Option für die anderen" umdeutet: Als „Gemeinde für andere" bleibe sie dann im eigenen Bewußtsein doch die „Starke", Hilfsbereite, Überlegene, die sich eben dieser (vermeintlichen) Überlegenheit dadurch versichert, daß es andere gibt, die ihre Hilfe brauchen: das genau meint „Helfersyndrom" in dem Sinne, weil wir den Begriff derzeit im Umkreis der „Helfenden Berufe" kritisch verwenden!

Im übrigen spiegelt sich m. E. in dieser unbewußten Form eines projektiv gewonnenen „Selbstbewußtseins" auf der Ebene von Einzelnen und Gemeinden ein Prozeß der Verlagerung von Herrschaftsansprüchen, wie ihn die großen Kirchen spätestens und deutlich seit dem Ende des Zweiten Weltkriegs praktizieren: Parallel zur schwindenden Bedeutung ihrer religiös-gemeindlichen Funktionen bauen sie Zug um Zug ihre großen diakonischen Einrichtungen und Hilfswerke aus und bewahrten sich darin jenen Machtanteil und Einfluß im staatlichen Gemeinwesen, den sie ehedem als Thron-Altar-Herrschaft praktizierten: „Helfen/Diakonie" als unbewußte Strategie der Machtausübung stellt eben nicht nur eine Versuchung des einzelnen dar, sondern auch von Gemeinden, Gruppen und Institutionen.

Der „atemberaubende Konsens" über die Programmatik der „diakonischen Gemeinde", der „Kirche für andere", stellt sich in solcher Betrachtungsweise nicht nur als zufällige Summierung zweier falscher Bewußtseinsformen (von Mäzene-Mentalität und Helfersyndrom) dar, sondern erweist sich darin zusätzlich als massive Selbsttäuschung! Und sie erklärt den scheinbaren Widerspruch zwischen eben jener so zustimmungsfähigen Formel und der Tatsache, daß sich in Sachen Gemeindediakonie so wenig ändert!

Damit diese Einsicht uns nun nicht den notwendigen „langen Atem raubt", um an der theologischen Behauptung von der „Diakonie als Kennzeichen der Gemeinde" (Steinkamp 1985 A) und einer entsprechenden Option festzuhalten, wollen wir uns dieser im folgenden noch einmal kurz vergewissern.

4.2 „Option für die Armen": Zur Vergewisserung des Massstabs einer Diakonie der Gemeinde

Wenn die skizzierten Aporien einer Gemeindediakonie unter volkskirchlichen Rahmenbedingungen weder zu Resignation führen sollen noch zu pragmatisch-marginalen Kurskorrekturen da und dort, oder, was ebenso naheliegt, zu hektischem diakonischen Aktivismus, dann bedarf es einer erneuten theologischen Vergewisserung des Maßstabs gemeindlicher Diakonie: der Option für die Armen (vgl. II).

Der historischen Dialektik zwischen der „Option für die Armen" und einer diakonischen „Kirche für andere" entspricht eine ekklesiologische, die für die Sozialpastoral der Gemeinde von unmittelbarer Relevanz ist. Die „Option für die Armen" präzisiert und operationalisiert die Bonhoeffersche (und von Ernst Lange hierzulande für den praktisch-theologischen Diskurs reformulierte) Maxime „Kirche für andere" (vgl. Hartmann/Steinkamp 1991): Es geht nicht um das Dasein der Kirche für beliebige „Andere", wie es in bestimmten „missionarischen" Denkfiguren durchscheint und oft eine subtile Form der Vereinnahmung, der Ausweitung von Mitgliedschaft darstellt. Es geht vielmehr um die je konkrete Parteinahme der Kirche für Marginalisierte, Entrechtete, Benachteiligte ... Insofern präzisiert die Formel „Kirche für andere" die Option für die Armen, indem sie deren erstes und eigentliches Subjekt benennt: die Kirche selbst, die Gemeinde.

Die „Mitgliedschaftskirche" muß auch unter diesem Gesichtspunkt als Zerrbild einer diakonischen Kirche bezeichnet werden: Die Mentalität von „Betreuten" ist mit der Funktion eines kollektiven Subjekts diakonischen Handelns unvereinbar. Wenn Option für die Armen indirekt also auch eine Kritik an den herrschenden Plausibilitäten einer vereinskirchlich-binnenorientierten Volkskirche bedeutet, an der subjektiven Bewußtseinsform der „zahlenden", „distanzierten", wohltätigen Kirchenmitglieder ebenso wie an der Fixierung der Kirchenleitung auf die Mitgliedschaftsproblematik, dann kommen mit dieser Option Perspektiven in den Blick, die weit über die eine oder andere Kurskorrektur hinausgehen.

So bedeutet denn die Konkretion der Option für die Armen in unserem hiesigen Kontext nicht mehr und nicht weniger als die *„Umkehr in der Metropole"* (Frostin 1988). Wenn theologisch unstrittig ist, daß die frohe Botschaft zuerst den Armen gilt, dann gilt sie uns Reichen zunächst als Umkehr-Anruf, als Angebot zur Bekehrung. Dann kann Option für die Armen nicht bedeuten, daß wir Reichen sie „einfach so" treffen, als mentale Zustimmung nur zu einer Formel, als Reflex allenfalls unseres Schuldbewußtseins als diejenigen, die in den objektiven Schuldzusammenhang von weltweiter Armut und Ausbeutung verstrickt sind.

Wo die Option für die Armen ferner nicht als Über-Ich-Anstrengung mißdeutet, sondern als fundamentaler Glaubensakt begriffen wird, als Zustimmung zu einem Heilsangebot, auch wenn es uns in der Rolle des „reichen Jünglings" widerfährt, dann kann die Antwort auf dieses Angebot nur „Bekehrung" heißen, nicht mehr und nicht weniger!

4.3 Diakonie der Gemeinde: „Option für die Armen!" – „Bekehrung in der Metropole" – „Lernziel Solidarität"

Wenn Option für die Armen ein anderes Wort für (politische) Diakonie ist, dann lassen sich Konturen eines „Programms" der Diakonie der Gemeinde als Konkretisierung eben dieser Option buchstabieren. Als Entwurf einer „neuen Praxis" muß diese Konkretisierung als Organisation individueller und kollektiver Lernprozesse gedacht bzw. geplant werden, wobei der Eigenart der Option für die Armen (als Bekehrungs-angebot für die Reichen) entsprechend „Organisation" natürlich nicht im Sinne von Machbarkeit verstanden werden kann. Als Variationen der sog. Grundfunktionen der Gemeinde lassen sich die Praxisdimensionen der Verkündigung (4.3.1), der Bewußtseinsbildung (4.3.2), der Koinonia („Lernziel Solidarität") (4.3.3) und der (politischen) Diakonie/„Weltdienst" (4.3.4) unterscheiden.

4.3.1 Martyria/Verkündigung als Anklage und Ankündigung

Die „vorrangige Option für die Armen" (Puebla) stiftet auch in der gemeindlichen Funktion der Verkündigung eine neue Praxis. Entsprechend der befreiungstheologischen Dialektik von prophetischer Anklage heil-loser Verhältnisse und der Ankündigung des Gottesreiches unter den Armen (Lk 4.18) (vgl. Heidenreich 1988) nennt sie einerseits das gesellschaftlich produzierte Unrecht beim Namen, andererseits wird gerade in den Zusammenhängen von Unrecht und Aufschrei, im Kampf gegen Ungerechtigkeit und Unterdrückung der Anbruch der Gottesherrschaft bezeugt.

Solche „parteiliche" Verkündigung legt sich fast zwangsläufig mit den Mächtigen, Ausbeutern und Menschenverächtern an und gerät wieder in die Nähe dessen, was Martyria ursprünglich bedeutete und heute wieder für Christen in der Dritten Welt als Konsequenz nach sich zieht: Diskriminierung, manchmal Folter und Tod.

Aber die parteiliche Verkündigung des Gottes der Armen geht nicht nur an die Adresse der Mächtigen, sie geht auch an die Gemeinde der bürgerlichen Kirchenmitglieder: Mit den Augen der Armen gelesen bleibt uns – im Bild der Samaritererzählung – zunächst die Rolle der „Räuber", derjenigen, die von den strukturellen Zusammenhängen der weltweiten Ungerechtigkeit profitieren. Solche Verkündigung hat dann nicht so sehr die Sorge, wie sie die alten Wahrheiten des Evangeliums didaktisch geschickt aufbereiten kann – sie ist je konkrete Aufklärung über weltweite Unrechtszusammenhänge und darin dann Bewußtseinsbildung. Als theologisch-spirituelle wird diese je neu den Zusammenhang von Gottes Heilszusage (im Bekehrungsanruf) und menschlichem Schuldempfinden als Vorrang des Indikativs vor dem Imperativ bezeugen: gegen jene hier im Norden verbreitete Neigung, die Option für die Armen als Über-Ich-Forderung (miß-)zuverstehen und dann abzuwehren, statt in der Umkehrbotschaft die Chance zu sehen, daß sie zur „guten Nachricht für die Nichtarmen" (Frostin) werden kann.

4.3.2 Verkündigung/Katechese als Bewußtseinsbildung

4.3.2.1 Beim einzelnen Christen kann die Konfrontation, die von der Option für die Armen ausgeht und die durch die Bewußtwerdung der Verstrickung in den weltweiten Unrechtszusammenhang verstärkt wird, einen Prozeß auslösen, der von anfänglicher Abwehr über verschiedene Grade der Verhaltensänderung bis zur Nachfolge in real existierenden Verhältnissen der Verelendung führen, aber auch wie in der Geschichte vom „reichen Jüngling" (Lk 18, 18 – 27) enden kann. Dieser Prozeß, der theologisch auch als lebenslange „Bekehrung" verstanden werden kann, durchläuft biographisch oder auch temporär verschiedene Phasen: vom zunehmenden Wissen über die Armut auf Weltebene (und in der nahen Umgebung!), zunehmendem Eingeständnis der eigenen Beteiligung an den Zusammenhängen (Konsumverhalten u. ä.), Wut über die ungerechten Zustände und diejenigen, die zynisch davon profitieren, Entdeckung der eigenen deformierten Bewußtseinsformen bezüglich Armut und Reichtum, Ausprobieren neuer einfacher Lebensformen, Übergang von einer mentalen Zustimmung zur Idee der Gerechtigkeit zu einem ganzheitlichen Erleben, das von „Hunger und Durst nach Gerechtigkeit" (Mt 5.6) geprägt ist usw.

4.3.2.2 Ähnliches kann für Gruppen in der Gemeinde bzw. für Basisgruppen gelten (vgl. Steinkamp 1990): Kollektive Lernprozesse mit dem spezifischen „Lernziel Solidarität" (Richter 1972) wären in unseren Breitengraden womöglich wichtige Äquivalente zur Praxis der Basisgemeinden in der Dritten Welt (vgl. auch Leggewie 1991).

In einzelnen Eine-Welt-Gruppen wurden bereits wichtige Erfahrungen in diesem Sinn gemacht. In und hinter dem gemeinsamen Enthusiasmus für sog. „Entwicklungsländer" entdeckte man, beiläufig und zunächst verschämt, später sie bewußt akzeptierend, deren „Schatten": die Projektionen unserer Sehnsucht nach lebendigen und engagierten Gemeinden ebenso wie die Abwehr von Schuldgefühlen über unseren Konsum und Luxus. An den rasch wechselnden „Konjunkturen" einzelner Krisenländer und der entsprechenden hiesigen Solidaritätsgruppen (mal war Nicaragua „in", dann Chile und Südafrika, später El Salvador) ging manchen ein Licht auf, daß es in der sog. Eine-Welt-Arbeit mindestens ebenso um das eigene Bedürfnis nach Idealisierung und Identifikation mit fremden Revolutionen ging als um „Solidarität" mit ihnen (vgl. Branscheid 1990).

Das tiefsitzende Unbehagen an der hiesigen Zivilisation (und Kirchenkultur) wurde, statt es als solches zum Anlaß für Veränderung *hier* zu nehmen, in „Engagement" für die fernen Armen umgewandelt, die Berührungsangst mit den hiesigen Behinderten hinter Resolutionen für die Straßenkinder in Recife versteckt. Wo solche (Selbst-)Erfahrungen und Entdeckungen nicht wiederum abgewehrt werden, können sie der Stoff wichtiger Lernprozesse sein, die die Option für Armen langfristig zu neuem Bewußtsein, politischer Kampfbereitschaft und einfacheren persönlichen und kollektiven Lebensformen konkretisieren.

4.3.3 Diakonie lernen: „Alphabetisierung" in der Ersten Welt

In der Linie der Vorstellungen U. Bachs (1988 B) von einer diakonischen Kirche schlage ich vor, die klassischen und schon vielerorts praktizierten diakonischen Aktivitäten in unseren Gemeinden unter dem „Vorzeichen" der Option für die Armen neu zu sehen und – was in der Praxis ganz wichtig ist – ihre jeweilige (begleitende, abschließende) Reflexion „mit den Augen der Armen" zu focussieren.
Ähnlich wie die Aussage „Hauptsache gesund", mit den Ohren eines Behinderten gehört, lieblos klingt, so erhalten auch unsere anderen „Hauptsachen" (Leistung, intakte Familie, Bildung, Vermögen, Nicht-vorbestraft-Sein...) (vgl. Bach 1988 B, 331), mit diakonischen Ohren gehört, einen merkwürdigen, fragwürdigen Klang.

Diese Einsicht und Erfahrung läßt sich verallgemeinern:
- die vielen gutgemeinten Kranken- und Hausbesuche, bei denen die Besuchten oft das Gefühl haben, austauschbare Objekte von Aktionen und Aktivierungs-Kampagnen zu sein;
- die Spenden-Empfänger, die entsprechende Demutsgebärden und Dankbarkeitsgesten vorzeigen müssen, wenn sie weiterhin auf Hilfe angewiesen sind;
- die Ausländer, denen wir, wo immer es zu Kontakten kommt, die Last der Verständigung aufbürden, sie sogar oberlehrerhaft für ihre Sprachfortschritte loben.

Die Beispiele ließen sich beliebig fortsetzen. Der Gratwanderung zwischen einfühlsamer Hilfe und demütigender Mildtätigkeit entspricht die feine Differenz von Anvertraut- bzw. Ausgeliefertsein. Wo solche Beispiele Ärger und Abwehr erzeugen, deutet das auf die ambivalenten Erfahrungen hin, die jeder von uns mit solchen Situationen gemacht hat.

Es gibt, ferner, sehr viel zu lernen im Grenzbereich von caritativer und politischer Diakonie: die gutgemeinte Aktion, als Einheimische den Asylbewerbern ihre (vom Sozialamt statt Bargeld ausgegebenen) Lebensmittel-Gutscheine abkauften, um ihnen die erniedrigenden Szenen an der Supermarkt-Kasse zu ersparen, stellt u.U. die weniger aufwendige Form der „Solidarität" dar als der politische Protest gegen solche Bürokratie-Willkür. Hinter solchen Gesten der Hochherzigkeit verbirgt sich nicht selten die – unbewußte und ungewollte – Kollaboration mit der Fühllosigkeit bürokratischer Hilfeeinrichtungen.

In den kleinen und großen Aktionen politischer Diakonie haben viele Mitarbeiter erfahren, was es heißt, sich auf die Seite von Asylsuchenden, Hausbesetzern oder Zigeunern zu schlagen, d.h. ihre „Option für die anderen" auch in Form der Kritik an den gesellschaftlichen Zuständen zu praktizieren, die jene Not bedingen oder verschärfen. Sie haben dabei nicht selten gelernt, daß Solidarität eben nicht mit allen zu haben ist, die Parteilichkeit für die Armen und Marginalisierten oft automatisch die Konfrontation mit den Reichen, oft mit großen Teilen der bürgerlichen Schichten bedeutet, gelegentlich Einfluß und Ansehen kostet.

4.3.4 „Kirche mit anderen" — von den „Fremden" lernen

Wo Gemeinde immer neu der Fixierung auf das Mitgliedschaftsproblem widersteht und absichtslose Diakonie praktiziert, wo andererseits die Diakonie sich der Gefahr ihrer „Verwahrlosung" bewußt bleibt, die darin besteht, mit der jeweiligen Hilfe immer auch noch ein christliches „Mehr" an den Mann/die Frau zu bringen (Meurer, zit. bei Steinkamp 1984 B, 9): da bekommt auch die Frage nach der Zusammenarbeit mit anderen Gruppen, Verbänden und Initiativen einen neuen Stellenwert.

Sowohl die — oftmals im Gewand der Frage nach der Grenze zwischen Gemeinde- und Nicht-Mitgliedern daherkommende — Sorge um die Mitgliedschaftsprobleme als auch die missionarische Verzweckung der Diakonie haben in der Vergangenheit vielerlei Berührungsängste und Kooperationsbarrieren zu anderen not-wendenden und sozialpolitischen Initiativen erzeugt.

Die im Zuge der Neuordnung des Wohlfahrtswesens in der Adenauer-Ära programmierte Konkurrenz zwischen den freien Wohlfahrtsverbänden interessiert uns hierbei insofern, als sie tatsächlich bis an die Basis kommunaler Sozialpolitik und damit auf die Praxis der Gemeindediakonie durchschlägt. Die daraus resultierenden Spannungen und Rivalitäten mit Basisinitiativen und Selbsthilfegruppen lassen sich zum großen Teil aus dem dauernden Kampf um die staatlichen Mittel erklären. Das soll hier nicht vertieft werden. Ohne diese Realität zu verleugnen — auch ihren Zusammenhang mit den beiden erwähnten „Schatten" christlicher Gemeinde-Diakonie (!) —, wollen wir abschließend eine andere Fährte verfolgen:

Welche neue Perspektive eröffnet die „Option für die Armen" auf das Problem der Kooperation mit den genannten Basis- und Bürgerinitiativen, Selbsthilfegruppen und -bewegungen?

Eine der vielen Konkretisierungen der Option, wie sie in der Befreiungs-Praxis der Basisgemeinde z. B. Lateinamerikas geläufig ist, lautet: Von den Armen lernen, ihre Kompetenz, die „Kompetenz der Betroffenen" wahrnehmen und zur Geltung bringen.

Von den Armen lernen können wir für die hiesige Gemeinde- und Diakoniepraxis vor allem zwei Dinge:
- daß die Armen ihre Sache selbst in die Hand nehmen; und
- daß die Selbstorganisation als Basisgruppe oder -gemeinde den entscheidenden Faktor der Selbsthilfe darstellt.

Gemessen an diesen zwei Kriterien der „Kompetenz der Armen" müssen hiesige Selbsthilfegruppen und Basisinitiativen als die „gelungeneren" Formen jener Hilfe erscheinen, die auch die Diakonie anstrebt. Soziologisch und sozialpsychologisch gesehen, sind Selbsthilfegruppen und Basisgruppen (z. B. der Neuen Sozialen Bewegungen) ohnehin diejenigen, die am ehesten mit den Basisgemeinden zu vergleichen sind. (Selbst unter Einbezug des „Faktors Bibelarbeit" ähneln sie solchen Gruppen immer noch mehr als den landläufigen Gruppen und Zirkeln unserer Ortsgemeinden!) (Steinkamp 1988 B).
Mitglieder bestimmter Selbsthilfegruppen, z. B. der Anonymen Alkoholiker, haben womöglich am ehesten eine Ahnung von jener geheimnisvollen Kraft, die Mitglieder christlicher Basisgemeinden unter den Armen in ihr erfahren: im Akt des „surrender" investieren sie ihre letzten Funken Hoffnung in die Gruppe, nachdem sie aufgegeben haben, aus eigener Kraft die Rettung zu schaffen. Wie immer Christen und Theologen diesen letzten Grund der Hoffnung nennen mögen: Soviel Glaube und Hoffnung lebt auch „außerhalb" unserer Parochien und kirchlichen Vereine! Insofern kehrt sich die Frage, ob wir sie an „unseren diakonischen Projekten" beteiligen, ob wir mit ihnen bei bestimmten Gemeinwesen-Projekten, in der Milieuarbeit (vgl. Ebbe/Friese 1989) oder im Obdachlosenasyl zusammenarbeiten, geradezu um: Wir können und müssen von ihnen lernen, wie „Helfen" geht! Daß dies gute neutestamentliche Tradition ist, haben nur die vergessen, die die Samaritergestalt für das Symbol jenes vermeintlich „christlichen Propriums" der Diakonie halten: Er war auch damals schon der „Fremde"!
Andererseits kann die „Option für die Armen" und ihre jeweilige Konkretion helfen, Prioritäten zu setzen, ggf. zur sog. „Scheidung der Geister" beizutragen, gerade in solchen „Diaspora"-Zusammenhängen, „wo der Glaube nicht Thema, sondern Motiv ist" (Lange 1981, 186), d.h. dort, wo das Argumentieren mit theologischen Inhalten wiederum in die o. g. Sackgasse der „verwahrlosten Diakonie" führt.
Die „Option für die Armen" stiftet dagegen sowohl Solidarität, wie sie unterscheiden hilft: viele Bürgerinitiativen sind eben *Bürger*initiativen, d.h. sie verfolgen Interessen der Mittelschicht, aber nicht unbedingt Interessen der Armen, Fremden, Marginalisierten.

ANMERKUNGEN

¹ Unter einem Paradigma versteht die Wissenschaftstheorie im Anschluß an Th. Kuhn (²1970) eine „disziplinäre Matrix" (also eine Art „Rahmen"-Modell, Theorien und Zusammenhänge „neu" zu sehen, einander neu zuzuordnen), die bisherige Denkgewohnheiten und Theorie-Modelle aufbricht und die betreffende (Teil-)Wissenschafts-Disziplin in eine Krise bringt (vgl. Dahms/Majer 1978, 410f.). – In der Theologie z.B. ereignen sich derzeit markante Paradigmen-Wechsel durch die Befreiungstheologie und die feministische Theologie, die nicht nur diese oder jene neue Erkenntnis, diesen oder jenen neuen Inhalt beitragen, sondern alle bisherigen Inhalte in anderer Weise zu sehen lehren.

² Der Begriff „Mitgliedschafts-Pastoral" scheint mir den Paradigmenwechsel schärfer zu konturieren als die geläufigeren bzw. naheliegenderen Begriffe „Individual-Pastoral" bzw. „Seelsorge". Im lateinamerikanischen Kontext wird „Sozialpastoral" auch von einer (früheren) Praxis der „Betreuungspastoral" abgehoben (vgl. Mette 1989 B, 235 – 238 und passim).

³ Vgl. besonders Puebla 476 – 506 sowie 1134 – 1310.

⁴ Vgl. dazu u.a. die Dokumentation Pastoraltheologische Informationen 1/1988: „Evangelisierung in Europa".

⁵ Dieses Beispiel berichtet Erfahrungen eines jungen Theologen während seines Brasilienaufenthaltes 1986 – 1987 (vgl. Ganser 1991).

⁶ Ein Begriff, den Zulehner selbst als befremdlich ansieht, und in der Tat läßt er eher an ein vertikales und paternalistisches Pastoralkonzept denken als an ein auf Befreiung hin tendiertes Modell, getragen von Gegenseitigkeit, Partizipation etc. (vgl. ebd. 62f.).

⁷ Die drei genannten Beobachtungen ließen sich auch an anderen Paradigmenwechseln veranschaulichen, z.B. im Rahmen der Seelsorge-Lehre am Paradigma der „beratenden" (vs. verkündigenden) Seelsorge (vgl. Steinkamp 1983 A, 133 – 163 und 164 – 176).

⁸ Vgl. den Hinweis von Bertsch/Schlösser 1981, 8) auf das Treffen Papst Johannes Pauls II. mit Theologieprofessoren in Altötting, wo dieser die Situation der europäischen Theologie mit einer Einbahnstraße verglich und die beiden Theologen warnen: „Es besteht die Aufgabe, dafür zu sorgen, daß sie nicht zur Sackgasse wird."

⁹ Auf weitergehende Differenzierung der hier angestoßenen Problematik im Blick auf das „europäische" Selbstverständnis der Praktischen Theologie muß hier verzichtet werden. Exeler selbst problematisiert in dem Zusammenhang den Begriff der „vergleichenden Pastoraltheologie" (1981, 106), wie er auch in der Terminologie zwischen diesem und dem Begriff „Vergleichende Praktische Theologie" (Exeler 1978, 205) schwankt. So weist auch Zulehner (1985, 66) mit Recht darauf hin, daß eine „Theologie aus den Basisgemeinden genau den Anspruch unserer europäischen Praktischen Theologie einlöst" (im Gegensatz zu einem früheren Verständnis von Pastoraltheologie als „Anwendungs"-disziplin, wie sie auch heute noch von „akademischen Theolo-

gen" (gern) gesehen wird), und daß sie deswegen „bei uns den leichtesten Zugang zur Theologie der jungen Kirchen" hat (ebd.).

[10] „Ein Sozialcharakter ist der ‚Kern der Charakterstruktur', der von den meisten Angehörigen einer Gesellschaft geteilt wird" (zit. nach Kuzmics 1989, Anm. 44, 336).

[11] Daß beide Veröffentlichungen de facto zur gleichen Zeit erschienen, wie in der psychoanalytischen Fachdiskussion die Narzißmus-Thematik einen Konjunktur-Höhepunkt erlebte (vgl. Kohut, Grunberger, Lowen u. a.), mag Zufall sein: Es spricht aber viel für die Vermutung, daß eine neue Welle der Ausdehnung psychoanalytischer Professionen in angrenzende Tätigkeitsfelder wie (Sozial-)Pädagogik, Sozialarbeit und Psycho-Subkultur dazu beigetragen hat, die Narzißmus-These auf breiter gesellschaftlicher Front populär zu machen.

Daß dabei die (klinische) Kategorie „Narzißmus" zunehmend noch unschärfer und damit für analytische Zwecke unbrauchbar geriet, als sie es als klinische ohnehin schon ist, macht die derzeitige Schwierigkeit aus, sie in praktisch-theologischer Absicht zur Deutung von „Zeichen der Zeit" zu benutzen. Dennoch kann diese am bezeichneten Phänomen nicht vorbeisehen.

[12] Binnenkirchlich-partikular meint: Der Blick ist nur auf die gerichtet, die „noch" zur Kirche gehen (z. B. aus „narzißtischen" Impulsen, weil Pfarrei für manche noch „bergend" ist, u. a. wegen der dort zumeist fundamentalistisch reduzierten, ‚ein-deutig gemachten' Realität; daß andere – ebenso aus „narzißtischen" Gründen – lautlos ausziehen, weil sie die Kränkung durch den Apparat bzw. das autoritäre Gebaren des Systems nicht aushalten, bleibt unbemerkt).

[13] Dezisionistisch reduziert bedeutet: z. B. „Pastoral" nur bezogen auf die „Aktiven", die Mitglieder von kirchlichen Gruppen, Verbänden, Gremien zu konzipieren (in denen das Bedürfnis nach Geborgenheit nicht zum Zuge kommt). (Ob man deshalb „Kuschel-Gruppen" zur pastoralen Strategie erklären soll, steht auf einem anderen Blatt!) Solche Reduktionen auf das „Sichtbare", Meßbare in der kirchlichen Praxis werden meist („wissenschaftlich") damit begründet, daß eine adaequate Wahrnehmung solcher globaler Phänomene wie „Narzißtische Kultur" nicht möglich sei bzw. als un-empirisch gilt. Von der Befreiungstheologie können wir lernen, daß die *ganze* gesellschaftliche Realität „Gegenstand" der Evangelisierung der Kultur ist.

[14] Der im theologischen Sprachgebrauch unvertraute Begriff „subjektiver Faktor" (statt einfach von *den* Subjekten zu sprechen) ist m. E. gerade in solchen theoretischen Zusammenhängen präziser, weil er die konstitutive Dialektik wechselseitiger Einflüsse des „Systems" auf die Subjekte (und umgekehrt) in Erinnerung bringt.

[15] Vgl. dazu ebd. 94 über den ökonomischen Erfolg der Zisterzienser, deren Klöster tatsächlich frühe Fabriken waren und sich besonders der in der Zisterzienserabtei von Clairvaux entwickelten hydraulischen Energie zur rationellen Wassernutzung und später, z. B. in Burgund, zur Verhüttung von Eisenerz (in eigenen Fabriken!) bedienten. Dabei spielte auch eine Art „klöster-

liche Vasallität" eine wichtige Rolle: Die „Laienbrüder" waren einerseits Angehörige des Klosters mit allen Pflichten, aber nicht allen Rechten der („Voll"-)Mönche, „Arbeitskräfte also, denen gegenüber sehr deutlich Selbstdisziplin in Fremddisziplinierung umschlug" (ebd.).

[16] Die Kritik Habermas' an Webers Erklärung moderner Gesellschaften, besonders an der Tatsache, „daß die egozentrische, gnadenpartikularistische Berufsaskese eine höchst irrationale Verkörperung der religiösen Brüderlichkeitsethik" (Habermas 1981, II, 450) darstellt, der Weber nicht genügend Rechnung trage (vgl. ebd.), kann hier nicht weiter erörtert werden, bedarf aber künftig für unseren Zusammenhang, d. h. der Suche nach den tieferliegenden Gründen der „Unfähigkeit zu Solidarität", d. h. der „Unfähigkeit zu Gemeinde", einer näheren Beschäftigung.

[17] Zum Thema der inneren Disziplinierung und den Zusammenhang mit den immer längeren Handlungsketten vgl. auch ausführlich Elias II, 312–341.

[18] Preuß macht in diesem Zusammenhang auf eine bezeichnende Koinzidenz zweier semantischer Karrieren aufmerksam: Zeitgleich mit der Entpolisierung des Sicherheits-Grundrechts im 19. Jh. und insofern „nicht zufällig, beginnt in diesem Zeitalter in Deutschland die Karriere eines Begriffs, der die Abwendung des Bürgers von der öffentlichen Freiheit in einer in andere Sprachen unübersetzbaren Weise semantisch zum Ausdruck bringt: Gemütlichkeit" (14).

[19] Während sich die Typen A und B eng an Kaufmanns Optionen A und B (1979, 76–80) anlehnen, versteht sich unser Typ C als ausdrückliche Kritik und Weiterführung der Kaufmannschen Position, dessen Option C lediglich eine Variante von B darstellt, insofern sie auf kirchliche Hilfe zu individueller Identitätsfindung zielt (ohne die Frage nach neuen kollektiven Subjekten zu stellen) und insofern den „Individualisierungs-Komplex" unkritisch affirmiert.

[20] Vgl. die Diskussion über meine These, das Pfarrei-Prinzip verhindere (Basis-)Gemeindebildung (vgl. Steinkamp 1988 B und 1989).

[21] Vgl. zu dieser Dialektik wiederum D. Bonhoeffers Rolle als „europäischer Vorläufer" befreiungstheologischer Positionen, zumal den Zusammenhang seines „Christus als Gemeinde existierend" und „Kirche für andere" (vgl. dazu Hinkelammert 1989, Kap. 3 sowie Strunk 1985).

[22] Vgl. dazu auch C. Castoriadis' (1984, 132f.) Konzept des „Entwurfs" und seines Stellenwertes für sein Praxis-Verständnis. Wichtig ist ihm vor allem die Unterscheidung von „Entwurf" und „Plan" sowie die Abgrenzung vom „ethischen Subjekt" i. S. Kants, dessen Idee der Moralität immer zugleich Zweck und Nicht-Zweck sei („Nicht-Zweck ... ist sie, insofern grundsätzlich ausgeschlossen ist, daß sie je erreicht oder verwirklicht werden könnte" (ebd. 133)).

[23] „Nicht die Kirche ist das Haus Gottes, sondern die Welt. Die Kirche ist der Diener, und das erste Kennzeichen des Dieners ist, daß er im Haus eines anderen wohnt und nicht in seinem eigenen" (Robinson 100; vgl. auch Comblin 1987, 39).

[24] Auch diesen Blickwinkel kennt bereits die frühere Arbeitslosen-Forschung. Vgl. M. Komaravsky, The Unemployed Man and his Family – The Effects of unemployment upon the status of man in fifty-nine families, New York 1940; H. Sachse, Die Wirkungen der Arbeitslosigkeit auf das Kind, in: Zeitschrift für Pädagogische Psychologie 33 (1932); A. Sternheim, Neue Literatur über Arbeitslosigkeit und Familie, in: Zeitschrift für Sozialforschung 2 (1933); R. Wieland, Die Kinder der Arbeitslosen, in: Schriftenreihe des Deutschen Archivs für Jugendwohlfahrt 11 (1933).

[25] Der Marxsche Begriff der ‚Arbeitsteilung' meint die von der inneren Logik des Kapitals erzwungene ‚Teilung' zwischen Arbeitern und Unternehmer (Kapitalist, Nutznießer), d.h. eine ‚von oben' erzwungene Arbeitsteilung. Vgl. K. Marx, Die deutsche Ideologie (1845/6). Thesen über Feuerbach, in: Die Frühschriften, hrsg. von S. Landshut, Stuttgart 1953, 339–417.

[26] Daß es Formen solcher Kommunikation über Arbeit derzeit bereits gibt, und zwar in Zusammenhängen der Psycho-Kultur (Selbsterfahrungsgruppen), von Supervision u.ä., soll hier u.a. auch deswegen erwähnt werden, weil dabei auch neue Formen und Typen von ‚Arbeit' entstehen, die als Alternative zu den Sektoren Güterproduktion, Dienstleistungen und Hausarbeit noch kaum ins Blickfeld geraten sind. Daß diese Formen – wegen ihrer ‚psychologischen' Blickverengung – noch nicht als Verwirklichung der hier vorschwebenden Realutopie gelten können, kann hier nicht ausgeführt werden.

[27] Zum „Reflexivitätsaspekt" solcher Aushandlungsprozesse und ihrer Bedeutung für den Erwerb deutungsbezogener Kompetenz sowie der darin liegenden fundamentalen religionspädagogischen Bedeutung vgl. Bukow 1975, 66ff.

Literatur

Allerbeck, K., Hoag, W.: Jugend ohne Zukunft? München – Zürich 1985
Altheit, P., Glaß, Ch.: Beschädigtes Leben. Soziale Biographien arbeitsloser Jugendlicher. Ein soziologischer Versuch über die ‚Entdeckung' neuer Fragestellungen, Frankfurt – New York 1986
Arens, E. (Hg.): Habermas und die Theologie, Düsseldorf 1989
Arnason, J. P.: Praxis und Interpretation, Frankfurt/M. 1988
Bach, U.: „Heilende Gemeinde?" Versuch, einen Trend zu korrigieren, Neukirchen – Vluyn 1988 A
Bach, U.: „Aber auf Dein Wort!" Plädoyer für eine diakonische Kirche. In: Concilium 24, 1988 B, 330 – 335
Bach, U.: Die Bibel diakonisch lesen. In: G. Röckle (Hg.): Diakonische Kirche, Neukirchen – Vluyn 1990, 117 – 121
Bäcker, G.: Lebenslage und soziale Reformen. In: D. Döring u. a. (Hg.): Armut im Wohlstand, Frankfurt/M. 1990, 375 – 398
Bäumler, C., Mette, N. (Hg.): Gemeindepraxis in Grundbegriffen. Ökumenische Orientierungen und Perspektiven, München – Düsseldorf 1987
Beck, U.: Risikogesellschaft. Auf dem Weg in eine andere Moderne, Frankfurt 1986
Bell, D.: Die Zukunft der westlichen Welt, Frankfurt/M. 1979
Bellah, R.: Zivilreligion in Amerika. In: H. Kleger, A. Müller (Hg.): Religion des Bürgers, München 1986, 19 – 41
Bertsch, L., Schlösser, F. (Hg.): Evangelisation in der Dritten Welt. Anstöße für Europa 2, Freiburg – Basel – Wien 1981
Boff, C.: Theologie und Praxis. Die erkenntnistheoretischen Grundlagen der Theologie der Befreiung, München – Mainz ³1986 (¹1983)
Boff, C., Pixley, G.: Die Option für die Armen, Düsseldorf 1987
Böhme, H., Böhme G.: Das Andere der Vernunft, Frankfurt/M. 1983
Böhnisch, L., Münchmeier, R.: Wozu Jugendarbeit? Weinheim – München 1987
Bolle, F. u. a. (Hg.): Die Familie als Gegenstand sozialwissenschaftlicher Forschung, Berlin 1987, 129 – 144
Bonß, W., Heinze, R. G.: Arbeitslosigkeit in der Arbeitsgesellschaft, Frankfurt 1984
Branscheid, H.: 500 Jahre Verleugnung und die Wiederkehr des Verdrängten. In: Das Fünfhundertjährige Reich, hg. von B. Höfer, H. Dietrich, K. Meyer, o. O. 1990, 225 – 248
Brückner, P.: Freiheit, Gleichheit, Sicherheit. Von den Widersprüchen des Wohlstands, Frankfurt/M. 1966 (Neuausgabe Berlin 1989)
Bublitz, H.: Ich gehörte irgendwie so nirgends hin. Arbeitertöchter an der Hochschule, Gießen 1980

Bukow, W. D.: Entwicklung sozialer und deutungsbezogener Kompetenz im alltäglichen Leben. In: M. Arndt (Hg.): Religiöse Sozialisation, Stuttgart – Berlin – Köln – Mainz 1975, 50 – 88

Castoriadis, C.: Durchs Labyrinth: Seele, Vernunft, Gesellschaft, Frankfurt 1981 (stw 1983)

Castoriadis, C.: Gesellschaft als imaginäre Institution, Frankfurt/M. 1984

CELAM – CONSEJO EPISCOPAL LATINAMERICANO (Hg.): (1984): Jugend, Kirche und Veränderung. Ein pastoraler Entwurf zum Aufbau der Zivilisation der Liebe (Lateinamerikanischer Bischofsrat – Sachbereich Jugend) (adveniat Dokumente/Projekte 30), Essen ²1986

Comblin, I.: Das Bild vom Menschen (Bibliothek Theologie der Befreiung) 1987

Conferencia National dos Bispos do Brasil (CNBB): Die Kirche und die Problematik von Grund und Boden, Mettingen 1980 (Institut für Brasilienkunde, Dokumentation 14)

Conferencia National dos Bispos do Brasil (CNBB): Pastoral da terra. Estudos da CNBB, Sao Paulo 1981

Conferencia National dos Bispos do Brasil (CNBB): Die Frage von Grund und Boden aus pastoraler Sicht, Mettingen 1982 (Institut für Brasilienkunde, Dokumentation 18)

Conferencia National dos Bispos do Brasil (CNBB): Terra de Deus, terra de irmãos. Texto base da Campagna da fraternidade, 1986 (deutsch: Land Gottes, Land der Brüder, Misereor, Aachen)

Cunha, R. de Almeida: Gott an der Seite des Arbeiters. In: Mystik und Politik. Theologie im Ringen um Geschichte und Gesellschaft. Johann Baptist Metz zu Ehren, hg. von E. Schillebeeckx, München – Mainz 1988 A, 267 – 281

Cunha, R. de Almeida: Prozesse der Gemeindebildung in der Perspektive der brasilianischen Arbeiterpastoral. In: J. B. Metz, P. Rottländer: Lateinamerika und Europa. Dialog der Theologen, München – Mainz 1988 B, 91 – 106

Czell, G.: Religiöse und kirchliche Sozialisation in der Alltagswelt. In: M. Arndt (Hg.): Religiöse Sozialisation, Stuttgart – Berlin – Köln – Mainz 1975, 26 – 49

Czell, G.: Lernfeld Gemeinde, Stuttgart 1982

Dahms, H. J., Majer, U.: Paradigma. In: Wissenschaftstheoretisches Lexikon, hg. von E. Braun, H. Rademacher, Graz – Wien – Köln 1978

Deelen, I. van: Unser aller Wirtschaft. In: Sozialmagazin 14, 1989, H. 9, 54 – 55

Deutscher Bundestag (Hg.): Bericht über Bestrebungen und Leistungen der Jugendhilfe (5. Jugendbericht), Bonn 1980

Die Kirche Lateinamerikas (1968/1979). Dokumente der II. und III. Generalversammlung des Lateinamerikanischen Episkopats in Medellín und Puebla, hg. vom Sekretariat der Deutschen Bischofskonferenz (Stimmen der Weltkirche Nr. 8), Bonn o. J.

Döbert, R.: Zivilreligion. In: Kursbuch 93: Glauben, Berlin 1988, 67 – 84
Dornberg, U.: Kontextuelle Theologie in Sri Lanka, Münster (Diss.) 1988
Dreier, W.: Raumordnung als Bodeneigentums- und Bodennutzungsreform, Köln 1968
Duchrow, U. u. a. (Hg.): Totaler Krieg gegen die Armen, München 1989
Ebbe, K., Friese, P.: Milieuarbeit, Stuttgart 1989
Elias, N.: Über den Prozeß der Zivilisation, 2 Bde., Frankfurt/M. 1978
Elias, N.: Die Gesellschaft der Individuen, Frankfurt/M. 1987
Evangelii Nuntiandi. Apostolisches Schreiben ‚Evangelii Nuntiandi' Seiner Heiligkeit Papst Pauls VI. an den Episkopat, den Klerus und alle Gläubigen der Katholischen Kirche über die Evangelisierung in der Welt von heute (8. Dezember 1975) (Verlautbarungen des Apostolischen Stuhls Nr. 2, hg. vom Sekretariat der Deutschen Bischofskonferenz), Bonn o. J. (1975)
Evangelisierung in Europa. Dokumentation in: Pastoraltheologische Informationen 1/1988
Exeler, A.: Vergleichende Theologie statt Missionswissenschaft? Provozierende Anfrage eines Nichtfachmanns. In: H. Waldenfels (Hg.): „Denn ich bin bei Euch..." (Festschrift für J. Glazik und B. Willeke), Zürich 1978, 199 – 211
Exeler, A.: Wege einer vergleichenden Pastoral. In: Theologie der Gegenwart 23, 1980, 12 – 20
Exeler, A.: Wege einer vergleichenden Pastoral. In: Evangelisation in der Dritten Welt. Anstöße für Europa, Bd. 2, hg. von L. Bertsch, F. Schlösser, Freiburg – Basel – Wien 1981, 92 – 121
Freire, P.: Pädagogik der Unterdrückten, Reinbek 1982 (^{1}1973)
Fröhlich, D.: Psychosoziale Folgen der Arbeitslosigkeit. Eine empirische Untersuchung in NRW, Köln 1979
Frostin, P.: Umkehr in der Metropole. Eine Antwort der Ersten Welt auf die Theologien der Dritten Welt. In: Theologie als konziliarer Prozeß, Hg. Evangelisches Missionswerk, Hamburg 1988
Fuchs, O.: Prophetische Kraft der Jugend? Freiburg 1986
Fuchs, O.: Kirche für andere: Identität der Kirche durch Diakonie. In: Concilium 24, 1988, 281 – 289
Funk, R.: Erich Fromm, Reinbek 1983
Füssel, K.: Im Zeichen des Monstrums, Fribourg 1986
Ganser, H.: Vorstellung des Schulprojektes der Basisgemeinde Genibau im Rahmen der Vorlesung „Sozialpastoral" von Hermann Steinkamp (unveröffentl. Manuskript), Münster 1991
Geck, L. H.: Aufbruch zur sozialen Pastoral, 2 Bde., Essen 1969
Giesecke, H.: Wozu noch Jugendarbeit? In: dj 10, 1984
Gorz, A.: Wege ins Paradies, Berlin 1985 (^{1}1983)
Grewel, H.: Leben mit Beeinträchtigungen. In: Wege zum Menschen 41, 1989, 386 – 401
Grösch, D.: Biographie und Lebenskonzepte. Widersprüche und Brüche im Prozeß der Identitätsfindung junger Berufstätiger, Gudensberg – Gleichen 1987

Grunberger, B.: Vom Narzißmus zum Objekt, Frankfurt/M. 1971
Habermas, J.: Erkenntnis und Interesse, Frankfurt/M. 1968
Habermas, J.: Können komplexe Gesellschaften eine vernünftige Identität entwickeln? In: Ders.: Zur Rekonstruktion des Historischen Materialismus, Frankfurt 1976, 92 – 126
Habermas, J.: Theorie des kommunikativen Handelns, Bd. 2, Frankfurt/M. 1981
Habermas, J.: Die Krise des Wohlfahrtsstaates und die Erschöpfung utopischer Energien. In: Ders.: Die neue Unübersichtlichkeit, Frankfurt/M. 1985 A, 141 – 163
Habermas, J.: Dialektik der Rationalisierung. In: Die neue Unübersichtlichkeit, Frankfurt/M. 1985 B, 167 – 208
Habermas, J.: Entgegnung. In: A. Honneth, H. Joas (Hg.): Kommunikatives Handeln, Frankfurt/M. 1986, 327 – 405
Halbe, J.: Betroffenheit als Kriterium für diakonisches Handeln. In: I. Cremer, D. Funke (Hg.): Diakonisches Handeln. Herausforderungen – Konfliktfelder – Optionen, Freiburg 1988, 220 – 236
Hanselmann, J. u. a. (Hg.): Was wird aus der Kirche? Ergebnisse der zweiten EKD-Umfrage über Kirchenmitgliedschaft, Gütersloh 1984
Hartmann, G., Steinkamp, H.: Pro und contra Volkskirche. In: W. Marhold, M. Schibilsky (Hg.): Ethik – Kirche – Gesellschaft, Düsseldorf 1991, 245 – 275
Heidenreich, H.: Option – die Gretchenfrage evangelisatorischer Pastoral. In: Diakonia 19, 1988, 118 – 121
Heidenreich, H.: „Evangelisierung in Europa". Zur Thematik der Tagung der Konferenz deutschsprachiger Pastoraltheologen in Wien 1987. In: Pastoraltheologische Informationen 1/1988, 25 – 39
Heller, A.: Zur Sozialgeschichte des Katholizismus in lebensgeschichtlichen Erinnerungen. In: A. Heller u. a. (Hg.): Religion und Alltag, Wien – Köln 1990, 287 – 300
Hinkelammert, F.: Die ideologischen Waffen des Todes, Fribourg/Schweiz – Münster 1985
Hinkelammert, F.: Der Glaube Abrahams und der Ödipus des Westens, Münster 1989
Hornstein, W.: Sozialwissenschaftliche Jugendforschung und gesellschaftliche Praxis. In: U. Beck (Hg.): Soziologie und Praxis. Soziale Welt (Sonderband 1), Göttingen 1982, 59 – 90
Hornstein, W.: Jugendprobleme und Jugendberatung. In: M. Affolderbach, H. Steinkamp (Hg.): Kirchliche Jugendarbeit in Grundbegriffen, Düsseldorf 1985, 173 – 191
Jahoda, M., Lazarsfeld, P. F., Zeisel, H.: Die Arbeitslosen von Marienthal. Ein soziographischer Versuch, Frankfurt/M. 1975 (1. Auflage Leipzig 1933)
Janssen, H.: Vergleichende Pastoral – ein neuer Weg der Begegnung in der Weltkirche. In: Ordenskorrespondenz 28, 1987, 444 – 451

Kaufmann, F. X.: Kirche begreifen. Analysen und Thesen zur gesellschaftlichen Verfassung des Christentums, Freiburg – Basel – Wien 1979
Kaufmann, F. X.: Die Rolle der Religion in mitteleuropäischer Gesellschaft. In: J. B. Metz, P. Rottländer (Hg.): Lateinamerika und Europa. Dialog der Theologen, München – Mainz 1988, 75 – 90
Kieselbach, Th., Offe, H.: Arbeitslosigkeit. Individuelle Verarbeitung und gesellschaftlicher Hintergrund, Darmstadt 1978
Klinger, E.: Armut – eine Herausforderung Gottes, Würzburg 1990
Kneer, G.: Die Pathologien der Moderne, Opladen 1990
Kohut, H.: Narzißmus, Frankfurt/M. ²1979
Komaravsky, M.: The Unemployed Man and his Family – The Effects of unemployment upon the status of man in fifty-nine families, New York 1940
Körner, W., Zygowski, H.: Arbeit – um jeden Preis? In: Psychologie heute 11, 1984, H. 7, 41 – 45
Kreutz, Msgr.: Die sozial-caritative Bedeutung der Bodenreform, Bamberg (Mskrpt.) 1925
Krieger, I., Schläfke, B.: Sozialisation im Armutsklima. In: K. Lampe (Hg.): Die Realität der neuen Armut, Regensburg 1987, 215 – 230
Kuhn, Th.: The Structure of Scientific Revolution, Chicago ²1970
Kuzmics, H.: Der Preis der Zivilisation, Frankfurt – New York 1989
Lämmermann, G.: Praktische Theologie als kritische oder empirisch-funktionale Handlungstheorie? München 1981
Lange, E.: Kirche für die Welt, München – Gelnhausen 1981
Lasch, Ch.: Das Zeitalter des Narzißmus, München 1982
Leggewie, C.: Solidarität – warum sie nicht funktioniert und trotzdem klappt. In: Kursbuch 104: Weiter denken, Berlin 1991, 67 – 76
Lobinger, F.: Auf eigenen Füßen: Kirche in Afrika, Düsseldorf 1976
Lorenzer, A.: Das Konzil der Buchhalter, Frankfurt 1981
Lowen, A.: Narzißmus. Die Verleugnung des wahren Selbst, München 1984
Luhmann, N.: Funktion der Religion, Frankfurt/M. 1977
Marx, K.: Die deutsche Ideologie (1845/46). Thesen über Feuerbach. In: Die Frühschriften, hg. von S. Landshut, Stuttgart 1953, 339 – 417
Mead, M.: Der Konflikt der Generationen, München 1974
Mette, N.: Theorie der Praxis. Wissenschaftsgeschichtliche und methodologische Untersuchungen zur Theorie-Praxis-Problematik innerhalb der praktischen Theologie, München 1978
Mette, N., Steinkamp, H.: Sozialwissenschaften und Praktische Theologie, Düsseldorf 1983
Mette, N.: Sehen – Urteilen – Handeln. Zur Methodik pastoraler Praxis. In: Diakonia 20, 1989 A, 23 – 29
Mette, N.: Sozialpastoral. In: P. Eicher, N. Mette: Auf der Seite der Unterdrückten? Theologie der Befreiung im Kontext Europas, Düsseldorf 1989 B, 234 – 265
Metz, J. B.: Glaube in Geschichte und Gesellschaft, Mainz ⁴1984

Metz, J. B.: Im Aufbruch zu einer polyzentrischen Weltkirche. In: F. X. Kaufmann, J. B. Metz: Zukunftsfähigkeit, Freiburg 1987, 93 – 165

Moltmann, J.: Diakonie im Horizont des Reiches Gottes, Neukirchen – Vluyn 1984

Moreira, A. da Silva: „... Doch die Armen werden das Land besitzen" (Ps 37, 11), Mettingen 1990

Müller, B.: Ein Helfer ist zu nichts nütze. Ein Beitrag zur sozialpädagogischen Ethik. In: Wege zum Menschen 41, 1989, 180 – 192

Neue Armut, wessen wir uns schämen müssen. Bericht des Paritätischen Wohlfahrtsverbandes für die Bundesrepublik Deutschland. In: Blätter der Wohlfahrtspflege 11/12, 1989

Pawlowski, H.: Römische Spalten. In: Publik-Forum 18, 09.09. 1989, 32

Pollmann, B.: Arbeitslosigkeit und Sozialhilfebezug – doch ein Bild homogener Lebenslagen? In: K. Lampe (Hg.): Die Realität der neuen Armut, Regensburg 1987, 279 – 287

Postman, N.: Wir amüsieren uns zu Tode, Frankfurt 1985

Preuß, U. K.: Vorwort zur Neuausgabe: P. Brückner, Freiheit, Gleichheit, Sicherheit, Berlin 1989, 7 – 22

Richter, H. E.: Lernziel Solidarität, Hamburg 1972

Sachse, H.: Die Wirkungen der Arbeitslosigkeit auf das Kind. In: Zeitschrift für pädagogische Psychologie 33, 1932

Samanes, C. F., Carretero, M. U.: Teología de la acción pastoral, Madrid 1969

Sayer, J.: Pastoral der Befreiung. In: P. Eicher (Hg.): Theologie der Befreiung im Gespräch, München 1985, 51 – 79

Schmidt, H.: Die Daueranrufer und ihre ‚Krise'. In: Wege zum Menschen 39, 1987, 14 – 28

Schmidt-Rost, R.: Heil in Christus – Heil auf neuen Wegen. Bemerkungen zur praktischen Bedeutung einiger Heilsvorstellungen des New-Age. In: Wege zum Menschen 41, 1989, 402 – 407

Semrau, P.: Entwicklung der Einkommensarmut. In: D. Döring u. a. (Hg.): Armut im Wohlstand, Frankfurt/M. 1990, 111 – 128

Sobrino, J.: Sterben muß, wer an Götzen rührt, Fribourg 1990

Sölle, D.: Die Hinreise, Stuttgart 1976

Sölle, D.: Lieben und arbeiten, Stuttgart 1987 ([1]1985)

Sondergeld, K.: Leben ohne Arbeit. Über die Sozialpsychologin Marie Jahoda, die Arbeiter von Marienthal und die Frage, ob die Arbeitslosigkeit den Menschen zerstören kann. In: Die Zeit Nr. 20, 13. Mai 1988, 68

Specht, Th.: Spaltung im Wohnungsmarkt – die unsichtbare Armut des Wohnens. In: Armut im Wohlstand, hg. von D. Döring, W. Hanesch, E.-U. Huster, Frankfurt 1990, 227 – 243

Steinkamp, H.: Beratung als christliche und kirchliche Praxis. In: N. Mette, H. Steinkamp: Sozialwissenschaften und Praktische Theologie, Düsseldorf 1983 A, 133 – 163

Steinkamp, H.: Zum Verhältnis von Praktischer Theologie und Sozialwissenschaften. In: N. Mette, H. Steinkamp: ebd. 1983 B, 164 – 176

Steinkamp, H.: Zwischen Service-Kirche und Samariter-Funktion: Religionssoziologische Anmerkungen zum Gestaltwandel von Telefonseelsorge. In: Wege zum Menschen 35, 1983 C, 292 – 302

Steinkamp, H.: Zum Beispiel: Wahrnehmung von Not. Kritische Anfragen an den gegenwärtigen Entwicklungsstand einer praktisch-theologischen Handlungstheorie. In: O. Fuchs (Hg.): Theologie und Handeln. Beiträge zur Fundierung der Praktischen Theologie als Handlungstheorie, Düsseldorf 1984 A, 177 – 186

Steinkamp, H.: Das Samariter-Gleichnis – Inspiration für heutige Identität des Sozialarbeiters? In: Caritas '85. Jahrbuch des Deutschen Caritasverbandes Freiburg o. J. (1984 B), 9 – 17

Steinkamp, H.: Diakonie – Kennzeichen der Gemeinde. Entwurf einer praktisch-theologischen Theorie, Freiburg 1985 A

Steinkamp, H.: Identität der Gemeinde? Kritische Bemerkungen zum gegenwärtigen Konzept von Gemeindeberatung. In: Diakonia 16, 1985 B, 249 – 258

Steinkamp, H.: Subjekte oder Sorgenkinder? Kirchliche Jugendarbeit in der Bundesrepublik Deutschland im Spiegel des Dokuments „Jugend, Kirche und Veränderung" des lateinamerikanischen Bischofsrats. In: KBl 111, 1986, 656 – 663

Steinkamp, H.: Die Reconquista der Sem-terra-Bewegung und die Pastoral da terra in Brasilien. In: M. Estor, H. Steinkamp (Hg.): Die Zeichen der Zeit erkennen, Münster 1988 A, 218 – 233

Steinkamp, H.: Selbst „wenn die Betreuten sich ändern". Das Parochialprinzip als Hindernis für Gemeindebildung. In: Diakonia 19, 1988 B, 78 – 89

Steinkamp, H.: Die Diakonie der „armen" und der „reichen" Kirchen – ein empirisch-ekklesiologischer Vergleich. In: Concilium 24, 1988 C, 295 – 301

Steinkamp, H.: Christliche Diakonie angesichts der ‚Krise des Helfens'. In: Wege zum Menschen 40, 1988 D, 306 – 316

Steinkamp, H.: Prozesse der Gemeindebildung: Exemplarische Schwierigkeiten in der Bundesrepublik. In: J. B. Metz, P. Rottländer (Hg.): Lateinamerika und Europa. Dialog der Theologen, München – Mainz 1988 E, 107 – 120

Steinkamp, H.: Gleichgeschaltet oder Gleiche vor Gott? In: H. Kramer, U. Thien (Hg.): Gemeinde und soziale Brennpunkte, Freiburg 1989

Steinkamp, H.: Die Gruppe als Ort gemeindlicher Glaubenserfahrung. In: Handbuch der Pastoralpsychologie, hg. von I. Baumgartner, Regensburg 1990, 287 – 302

Steinkamp, H.: Die Bedeutung der Konstitution „Gaudium et spes" für Praxis und Theologie christlich-kirchlicher Diakonie. In: K. Richter (Hg.): Das Konzil war erst der Anfang. Die Bedeutung des II. Vatikanums für Theologie und Kirche, Mainz 1991 A, 169 – 185

Steinkamp, H.: Narzißtische Kirchenkultur oder diakonische Kirche? In: Kursbuch Diakonie, hg. von M. Schibilsky, Neukirchen – Vluyn 1991 B, 265 – 276

Sternheim, A.: Neue Literatur für Arbeitslosigkeit und Familie. In: Zeitschrift für Sozialforschung 2, 1933
Strunk, R.: Vertrauen, Stuttgart 1985
Swoboda, H.: Großstadtseelsorge, Regensburg 1909
Treiber, H., Steinert, H.: Die Fabrikation des zuverlässigen Menschen. Über die ‚Wahlverwandtschaft' von Kloster- und Fabrikdisziplin, München 1980
Ulrich, G., Zenke, K. G.: Die Kinder sind nicht das Problem. In: sozialmagazin 1988, H. 2, 25 – 27
van der Ven, J. A.: Grenzen und Möglichkeiten einer westeuropäischen Befreiungstheologie. In: Pastoraltheologische Informationen 1 – 2/1989, 231 – 262
Volz, R.: Die Kirche – ein „Verein" wie jeder andere? In: J. Matthes (Hg.): Kirchenmitgliedschaft im Wandel, Gütersloh 1990, 249 – 263
Wacker, A.: Arbeitslosigkeit. Soziale und psychische Voraussetzungen und Folgen, Frankfurt 1976
Wacker, A. (Hg.): Vom Schock zum Fatalismus? Soziale und psychische Folgen der Arbeitslosigkeit, Frankfurt 1978
Wann kommt Jesus wieder? In: Der Spiegel Nr. 47, 1990, 190 – 202
Weber, M.: Die protestantische Ethik und der Geist des Kapitalismus. In: Ders.: Gesammelte Aufsätze zur Religionssoziologie I, Tübingen 1988
Wegner, G.: Alltägliche Distanz. Zum Verhältnis von Arbeitern und Kirche, Hannover 1988
Weimer, M.: Erwägungen zur Telefonseelsorge als Institution. In: Wege zum Menschen 36, 1984, 306 – 324
Wieland, R.: Die Kinder der Arbeitslosen. In: Schriftenreihe des Deutschen Archivs für Jugendwohlfahrt 11, 1933
Wieners, J.: Die Krise der Samariter. In: Wege zum Menschen 40, 1988, 290 – 296
Williamson, N.: Sie wollte keine Sektiererin sein. In: Religio 2/3, 1989, 40 – 41
Zerfaß, R.: „Einer trage des andern Last" (Gal 6,2). Theologische Überlegungen zu den Kirchlichkeitskriterien der Caritas in Deutschland (BRD). In: I. Cremer, D. Funke (Hg.): Diakonisches Handeln. Herausforderungen – Konfliktfelder – Optionen, Freiburg 1988, 116 – 134
Ziehe, Th.: Pubertät und Narzißmus, Frankfurt/M. – Köln 1975
Zöller, M.: Das Prokrustes-System, Opladen 1988
Zulehner, P. M.: Begegnung mit Infanta. Aufforderung zu vergleichender Pastoraltheologie (Sonderdruck der Werkmappe Mission, Hg. Päpstliche Missionswerke), Wien Nr. 55/1985, 57 – 68

Der Autor

Hermann Steinkamp, Dr. phil., Dr. theol., geboren 1938, ist Professor für Pastoralsoziologie und Religionspädagogik an der Universität Münster. Seine Arbeitsschwerpunkte: Kleingruppenforschung, Gemeindenanalyse, Jugendsoziologie, kirchliche Jugendarbeit, Diakonie.